古文其实可以笑着读

上

急脚大师 著

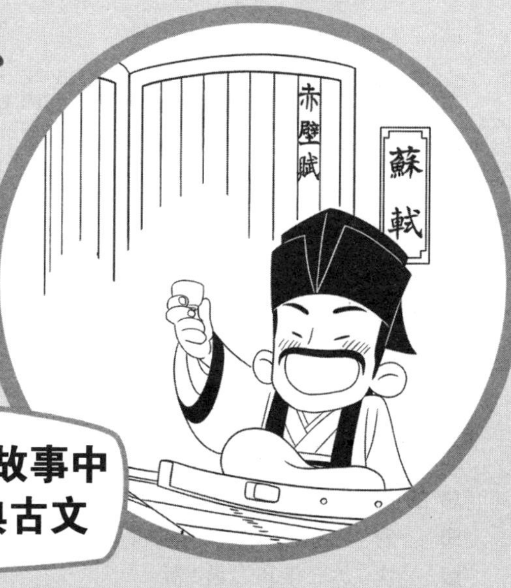

在有趣的历史故事中
轻松拿下经典古文

山东城市出版传媒集团·济南出版社

图书在版编目(CIP)数据

古文，其实可以笑着读／急脚大师著. —济南：济南出版社,2023.10

ISBN 978－7－5488－5882－9

Ⅰ. ①古… Ⅱ. ①急… Ⅲ. ①文言文－中学－教学参考资料 Ⅳ. ①G634.303

中国国家版本馆 CIP 数据核字(2023)第 176792 号

古文，其实可以笑着读 GUWEN QISHI KEYI XIAOZHE DU

急脚大师 著

出 版 人 田俊林
责任编辑 秦 天 杜昀书
插画设计 杨云凯
封面设计 胡大伟

出版发行 济南出版社
地 址 济南市市中区二环南路 1 号（250002）
总 编 室 （0531）86131715
印 刷 济南龙玺印刷有限公司
版 次 2023 年 10 月第 1 版
印 次 2023 年 10 月第 1 次印刷
成品尺寸 170mm × 240mm 16 开
印 张 27
字 数 340 千
定 价 78.00 元（全两册）

写在前面的话

自从有了文字，古文的雏形就诞生了。巫师占卜的时候，将事件简单记录在龟甲或者动物骨头上，便形成了甲骨文。夏商周时期，国家推行世卿世禄制，导致文字只掌握在少数贵族手中，《诗经》也好，《尚书》也好，原始的记录者与写作者大多是贵族子弟。因为受记录工具等客观条件的限制，大家只能把最主要的事件进行简单记录，尽量用一个字表达多种意思，这也促成了古文简洁明了特点的形成。

到了春秋战国时期，各国君王为了壮大实力，纷纷进行变法以强国，推行军功爵制与客卿制度，谁有本事谁来做官。底层人民看到了希望，想尽办法读书识字、锻炼口才。为了让君王接受自己的主张，他们采用各种技巧提高演讲词与论说文的说服力，寓言、比喻、排比、推理等接连出现，怎么生动怎么来，怎么通俗怎么来！先秦古文犹如滔滔江水，奔涌向前；又如夜空繁星，颗颗闪亮。

儒家、墨家、兵家、法家、道家、纵横家、阴阳家……百家争鸣齐上阵，文章磅礴有气势！

秦国横扫六国之后，为了统一思想，焚书坑儒。一时间，百家沉默，文坛黯淡。幸好有李斯的《谏逐客书》，留下了永恒的光芒。

秦末大乱，百家又起。底层草根刘邦建立大汉王朝。他熟知严刑酷法救不了苍生，索性清净无为，只要不造反，你们爱干什么干什么，我尽量不来打扰。但国家百废待兴，需要人才建言献策，在这种情况下，朝廷推行察举制来选拔人才。皇帝提出国家存在的问题，谁能写出最佳的解决方案，立马咸鱼翻身，稻草变人参。于是，以解决实际问题为目的的政论文应运而生，既有先秦古文的磅礴气势，又有时尚主流的务实创新，《过秦论》《治安策》《论贵粟疏》等文章的光芒照耀古今。

到了汉武帝时期，国力强盛，天下安定。皇帝想让人们歌功颂德，于是，能满足统治者虚荣心的汉赋闪亮登场。汉赋结构恢宏、辞藻华丽、汪洋恣肆，让人读起来热血沸腾，品起来却感到缺失内涵。不过汉赋中也有好文章，司马相如、枚乘、东方朔、杨雄、班固等人创作的汉赋，成了杰出代表。

在华丽文风盛行的时代，司马迁特立独行，带着他的《史记》冲出时代，震撼千古。

魏晋南北朝时期，九品中正制度导致“上品无寒门，下品无士族”。门阀子弟一生下来就前途无量，底层子弟一生下来就前途黯淡。所以很多人选择找个僻静的地方隐居，幻想过“采菊东篱下，悠然见南山”的生活，于是便有了《与山巨源绝交书》《归去来兮辞》《桃花源记》……

士族们听不见也懒得听来自底层的声音，自然也不喜欢看什么政论文、说理文，汉赋那种唯我独尊的感觉，挺好！于是经过多人改良，又出现了对仗工整、声律铿锵的骈文，因为骈文基本使用四字句、六字句，所以也被称为“四六文”或“骈四俪六”。统治者们要的就是这种排山倒海的效果，内容空洞又如何？没有风骨又如何？但是，骈文里也有好文章，比如《与朱元思书》《答谢中书书》等。

在众多贵族子弟中，王羲之成了另类，他的《兰亭集序》让人看到了散文的独特魅力。

唐朝建立初期，门阀制度依旧牢不可破，骈文依旧占据主流市场。朝廷完善了隋朝的科举制度，结合了汉赋与骈文优势的赋体文成了除诗歌之外的又一个考试重点。王勃的《滕王阁序》、李白的《春夜宴从弟桃花园序》、杜牧的《阿房宫赋》等，基本都是汉赋与骈文的完美结合体。

但是，赋体文考了几百年，骈文写了几百年，令人烦不胜烦。不能有点新意吗？不能像先秦的文章那样通俗生动吗？不能像汉初的政论文那样求真务实吗？

于是，韩愈、柳宗元发出了时代最强音，发起了古文运动，倡导并写作通俗生动、内容丰富的文章，复兴儒家思想，推行务实主张。《马说》《师说》《进学解》《永州八记》犹如重磅炸弹，让骈文当道的文坛为之一振。

到了唐末五代时期，战乱频繁，骈文、赋体文又死而复生，成了流行的时尚。即便到了宋朝初年，赋体文依然处于时尚前沿，被列入科举必考项目。此时的文人们，早已不满如此风气，范仲淹带头摇旗呐喊，亲自创作《岳阳楼记》，大力推行“庆历新政”，让政论文重获新生。

后来，欧阳修带头示范，他创作的《醉翁亭记》《秋声赋》震惊天下。在担任科举主考官期间，他又大刀阔斧地改革，强势发声：凡是写形式主义文章的考生一律不录取。随着文坛新秀苏洵、苏轼、苏辙、曾巩等人的积极呼应，政坛“大佬”王安石等人的深入改革，散文终于取代了骈文、赋体文，成为科举考试的重点与社会关注的热点。

元朝在一段时间内没有举行科举考试。没了考试作为指挥棒，大家把精力放到了戏曲上，古文没有受到重视。

明清时期，朝廷为了控制读书人的思想，推行八股文，建立评卷的客观标准。在内容上，只能“代圣贤立言”，不能随意发挥，不能有个性解读；在形式上，句子的长短、字的繁简、声调的高低等也都要相对成文，骈散赋文“一锅炖”，对偶排比占大头。课本只有“四书五经”，考试只考“四书五经”。

在这种情况下，善于写真情实感文章的人很难考中。比如归有光，他的《项脊轩志》《先妣事略》赚人眼泪；比如张岱，他的《湖心亭看雪》《西湖七月半》博人眼球。但他们始终不被认可，徘徊在考场之外。

为了不再屡战屡败，很多人加入了“考试研究小组”，应试大神辈出。《五人墓碑记》的作者张溥亲自编写“考试指导手册”，成为众多考生心目中的男神。

到了清朝，各种题材、内容已被写过多次，怎样在“四书五经”的限制中写出新意呢？桐城的方苞、姚鼐等人提出了全新的理论与主张，亲自创作，以身示范，形成了影响整个清朝的桐城派，《狱中杂记》《登泰山记》等文章风靡一时，文人们纷纷模仿桐城派的行文风格。

古代文章的文体始终在华丽的骈文、朴实的古文、犀利的论说文中循环往复。当当权者务实求真、改革创新，朴实生动、犀利论说的文章就会出现；一旦当权者沉迷享乐，文辞华丽的骈文又会抬头，空有外表而无内涵。

目录

《秦誓》——一个霸道总裁的非霸道演讲

春秋时期，一则“全球招聘广告”引起了巨大轰动，招聘内容大致如下：秦穆公带领的“创业公司”刚刚起步，多个岗位虚位以待，工资待遇不是问题，年终分红亮瞎双眼。才子们、能人们，赶快带上你们的才华来应聘吧！不管你是什么人、哪国人，统统可以到秦国做官。我们携手打造“春秋上市公司”！

在“家族垄断企业”占据绝对主流的夏商周时期和春秋前期，这样的“招聘广告”刷新了所有人的三观，因为大家早就习惯了世卿世禄制。世卿就是指天子或诸侯国君之下的贵族，世世代代连任公卿这样的高官；禄是指官吏所得的财物。只要祖上做官，你不用读书也可以做官，享受祖宗们留下来的土地与财富。

春秋时期的秦国虽然国土面积不小，但地处偏远，经济落后，人口少而分散。执政初期，秦穆公经常被那些东方富国的大王们鄙视、欺负，痛定思痛的秦穆公决定颁布一个破天荒的“招聘广告”，吸引各国人才前来一看究竟。

虞国有个叫百里奚的人，从小就喜欢读书，没钱买书就到处去借。因为家里穷，三十多岁才娶上老婆。他虽然才学过人，可在那个“拼爹”的时代，出身贫寒的人永远处于社会的最底层。妻子杜氏挺有远见，鼓励丈夫出游列国找寻机会。树挪死、人挪活，说不定哪天就被人重用了呢？

对，做人如果没有梦想，那跟咸鱼有什么区别？百里奚决定出去闯一闯。

历经千辛万苦，百里奚终于在虞国做了官。但是虞国国君爱财如命，见识短浅，收了垂棘（借指宝玉）和宝马等财物以后，答应了晋国的要求：晋国可以借虞国的道路，去干掉虢国（虞国的邻居与盟友）。

但是，虢国亡了，虞国离死还会远吗？

百里奚苦苦劝说，虞国大王却全然不听。结果，晋国灭掉虢国后，觉得好事应该成双，兄弟就该一起灭亡，顺手干掉了虞国。百里奚只能逃到楚国边境，替人放牛，等待时机。

后来，从晋国到秦国应聘成功的武士公孙支，在秦穆公面前大肆赞扬百里奚的才能：别看他的年纪大，他的本领真的高！

秦穆公眼睛亮了，这么好的人才不为我所用为谁用？我要找到他，不管上天入地。秦穆公马上命人到处打听百里奚的下落，得知他正在楚国放牛，秦穆公笑了，好办！备一份厚礼送给楚王，把百里奚换过来！

公孙支却摇摇头：“万万使不得。楚国让百里奚养牛，是因为没人知道他的贤能。如果您用贵重的礼物去换他，不就等于告诉楚王，百里奚是个难得的人才吗？楚王还肯放他走吗？”

对啊，有道理，差点误了大事！这可如何是好？秦穆公着急了，“创业公司”最缺的就是人才！

公孙支答道：“别急，别急，先不要声张，您就按照奴隶的行情价，用五张羊皮把他买回来。”

这个方法好!

秦穆公立刻派了一位使者去见楚王，说道："我们有个奴隶叫百里奚，他犯了法躲到楚国来，请让我们把他赎回去治罪。"说完就献上五张上等羊皮。

楚王笑了，这下赚大了，一个老得都快掉牙的奴隶还能值五张上等的羊皮？于是大手一挥："行，你们带走吧!"

百里奚就这样戏剧性地来到了秦国。

穆公迫不及待地召见了他，一眼看去，心里拔凉：这人老得走路都费劲，还能帮我治理天下吗？他有点失望地自言自语："可惜啊，年纪太大了。"

百里奚看了看秦穆公，是时候展现自己的技术了！他不服气地说道："如果大王让我追逐天上的飞鸟，或者去捕捉凶猛的野兽，我确实太老了。如果让我和您一起商讨国家大事，我还不算老呢!"

秦穆公肃然起敬："哦？说来听听。"

于是，两个人谈起了治国的政策与方针。聊着聊着，秦穆公激动了，这个老头不简单啊！他立刻封百里奚为上卿，协助自己处理政事。

既然要创业，那就要多叫几个合伙人嘛!

百里奚又推荐了自己远在深山的好朋友——蹇叔。百里奚为左庶长，蹇叔为右庶长，人称"二相"。由于百里奚是用五张公羊皮赎回来的，所以又被称为"五羖大夫"。

蹇叔的儿子西乞术、白乙丙和百里奚的儿子孟明视听说老爸们发达了，纷纷前来投奔，都被秦穆公拜为将军。可能有人会问，为什么三个儿子都不跟自己的父亲姓呢？实际上，孟明视姓百里，名视，字孟明。孟明视，是字和名连在一起称呼的，也可以叫百里视。白乙丙、西乞术也是同样的叫法。

秦穆公用五张羊皮换来了五位顶级“合伙人”，开启了秦国的创业之路。很快，秦国成为实力雄厚的“大型公司”。看着周围的大国不断兼并小国，秦穆公急于“上市”，想赶紧做大做强秦国“公司”，成为行业的龙头老大，将来自己制定市场游戏规则。

他迫不及待地发兵攻打郑国，打算和安插在郑国的奸细里应外合，拿下都城。

出师之前，他向蹇叔礼貌性地请教：“你有没有什么建议啊？”

蹇叔很实在地说：“秦国到郑国路途遥远，你兴师动众，长途跋涉，这不明摆着告诉郑国，我来打你了！他们会等着你打吗？而且晋国会袖手旁观吗？他们肯定会趁火打劫。所以，这一仗必败无疑。”

股市有风险，入市需谨慎！

秦穆公一听就上火，我只是出于礼貌问一问，你还当真了？这一次，我要体验一下当“霸道总裁”那“飞一般”的感觉！于是他执意派孟明视、白乙丙、西乞术三个将领率部队出征。

无奈的蹇叔只能拉着孟明视和两个儿子的手，哭着说道：“唉，我看着你们出发，却看不到你们回家！晋国人必定会在崤山（位于今河南省三门峡市）埋伏，崤山有南北两座山，你们一定会战死在这两座山之间，我到那里给你们收尸吧！”

仗还没打，你就说我们必死无疑？好脾气的秦穆公也发怒了：“一边待着去！”

然而，现实给了穆公一记响亮的耳光。

在地势险峻的崤山地带，秦军果然被早已埋伏的晋军打得落花流水，孟明视、西乞术、白乙丙统统做了俘虏。愤怒的晋襄公打算把他们杀了，放进太庙做祭品。

晋襄公的母亲是秦穆公的女儿，她觉得秦晋两国的仇恨越来越深，冤冤相报何时了，便极力劝说晋襄公放了三位将军，给穆公一个面子。

母亲都发话了，那就放了吧！

三人狼狈逃回秦国。

秦穆公早已穿上了丧服在城外恭候。见到他们归来，他快步走上前，流着泪说道："唉，我没有听蹇叔和百里奚的话，害得你们吃败仗、受侮辱，这是我的过错。"

三人惊呆了，狠狠掐了一下大腿。不是梦，真的不是梦！大王也太宽容了吧，将来不打胜仗怎么对得起他？

但这个时候，秦国本地人愤怒了，军队也吵着要造反。秦国贵族们早就对秦穆公的"全球招聘"政策不满了，在一旁煽风点火。

百里奚和蹇叔占据了秦国两个最高职位，他们的儿子也都是大将军，政权、军权都把持在别国人手里。他们打了败仗，竟还受到如此待遇。难道我们本地没人才了吗？难道我们秦国人不可靠吗？

大家越说越激动，越说越愤怒！拳头紧握，怒发冲冠。

为了安定人心，秦穆公站在一个小山坡上，对着愤怒的秦国人，声情并茂地说出了他那篇名垂千古的演讲词——《秦誓》（写作年代有争议，这里以《尚书·秦誓》的序言而非《史记》的记载为依据，结合文章的内容，我个人认为应该在此次大败之后）。

"啊，同志们，兄弟们，大家听我说几句！不要吵，不要闹，我有重要的话告诉你们！古人说：'人只知道顺从自己的意愿，就会多出差错。'责备别人不是难事，受到别人责备却认真虚心地听从，才是天底下最大的难事啊！

"我经常思考一个问题：如果一个官员没有什么才能，却胸怀宽广而容忍他人（'其心休休焉，其如有容'，成语'休休有容'出自这里，形容君子宽容而有气量），不正是最能干最有用的官员吗？

秦穆公

别人有能力，好像自己有能力一样；别人有智慧，好像自己有智慧一样。嘴上称赞别人，心里欣赏别人。这样胸怀宽广的官员，才能保护我们的后代，保卫我们的国家！

“别人能力出众，就妒忌厌恶；别人聪明睿智，就阻挠陷害。这样不能宽容他人、自私自利的官员，怎么能保护好我的子孙和百姓呢？

“只要海纳百川，虚怀若谷，天下都是我们的！”

秦国人头点得如同小鸡啄米：“对，我们就是最有用的人！”

一篇《秦誓》，让众口不再难调！

秦穆公自己就是一个将宽容发挥到了极致的君王，因此他也是让秦国强大起来的第一人。他曾经在岐山（位于今陕西省宝鸡市）建了一个王室牧场，专门饲养千里马。有一天，几匹马受到惊吓，突然逃跑了。牧官两眼一抹黑：“完了，我们的脑袋也会像马儿一样消失不见。”他们赶紧四处寻找，在山下的村庄找到了部分马骨，原来，千里马被饥饿的农民当作野马，啃了个精光。

牧官愤怒了：“处死，全部处死！这帮可恶的人！一匹马抵得上他们一个村！”

得知情况的秦穆公沉思片刻，说道：“有德有才的人不能因为畜生而杀人。我听说吃马肉却不喝酒，对身体有害。来人啊，赏他们美酒！”

双腿发抖的农民们眼睛湿润了，从此对秦穆公死心塌地。

几年后，秦穆公亲自带领军队与晋国交战，被对方的军队重重包围。死到临头的秦穆公闭上眼睛，长叹一声：“我戎马一生，竟然如此死去，唉！”

突然，一阵喊杀声划破长空，一群骑马的人奋不顾身地冲进包围圈，用身体给秦穆公围成一圈人肉盾牌。他们犹如一群张开了血盆大口的野狼，打得晋国士兵纷纷目瞪口呆：这是传说中的天兵天将吗？

张大嘴巴的晋军看着一行人扬长而去，一骑绝尘。

脱离险境的秦穆公向那些以命相救的人鞠躬行礼，不解地问道：“你们是何方军队？为什么帮我呢？”

“我们是从前吃了您的名马却被免罪的农民！”你对我宽容大度，我对你誓死相随。

秦穆公不仅积极寻找人才，更懂得如何使用人才，始终容忍别人的缺点，发挥他们的特长。

卧薪尝胆了两年的孟明视、白乙丙、西乞术提出请求：报崤山之仇。

秦穆公点点头，这个可以有！

春秋霸主晋文公虽然已经死了，但晋国的实力还在，加上有先轸这样的名将辅佐，孟明视等人又吃了败仗。

唉，丢人丢大了！三人觉得实在没有脸面活在世上，便主动登上囚车，听凭秦穆公发落。

秦穆公摇摇头，花了这么大代价培养的人才，就这样放弃太可惜了，再给他们一次机会吧！于是继续让孟明视统帅军队。

能有这样的胸襟、气度与胆量，哪有不成功的道理呢？

一切尽在不言中，感动不如改动。经过两次失败的孟明视也豁出去了，变卖所有家产，照顾阵亡将士的家属，安抚残废受伤的部下，跟士兵们一起吃粗粮、睡地铺、抓训练。

经过了一年多的准备与操练，孟明视再次请求攻打晋国。他指着脑袋发誓：“打不了胜仗，我绝不活着回来！”

渡过黄河以后，孟明视烧掉了全部船只。不成功便成仁，死也要死得轰轰烈烈。这一次，他们势如破竹，没几天就夺回了之前失去的大片领土，还打下了晋国的几个大城池。

“胜利了，终于胜利了！我们打败了中原霸主，我们不再任人宰割！”整个秦国沸腾了，秦穆公成为上市公司的“霸道总裁”，周围小国纷纷前来寻求“加盟”。

《秦誓》道出了秦穆公任用人才的标准，这篇演讲词被收录在《尚书》之中。《尚书》是什么呢?

相传，孔子晚年集中精力，把尧舜禹到春秋秦穆公时期的各种文件资料、重要人物讲话、宫廷秘闻等汇集到一起，再认真挑选出最精华的部分，编成了一本儒家教科书，分为《虞书》《夏书》《商书》《周书》，统称《尚书》。

鉴于秦国的成功，各个国家也开始重视吸引人才。有文化有学识的人可以自由流动，到哪里都受到热烈欢迎。下面提到的一个人，他的祖先就从楚国来到了鲁国。

◆参考资料：

1. 司马迁：《史记》(传世经典文白对照·全5册)，中华书局，2019年12月第1版。

2. 司马光：《资治通鉴》(全18册)，中华书局，2019年11月第1版。

3. 孔安国、孔颖达：《尚书正义》(十三经注疏)，上海古籍出版社，2011年4月第1版。

4. 王晖：《从〈秦誓〉所见秦穆公人才思想看秦国兴盛之因——兼论〈书·秦誓〉的成文年代及主旨》，《陕西师范大学学报(哲学社会科学版)》，2007年第1期，第5—12页。

《左传》《国语》——史学双雄，引来无数英雄

如果要评出古代将领们最爱读的书，不是《孙子兵法》，而是《左传》。

三国时期，孙权爱读《尚书》《左传》《国语》，在他的影响下，原本只知道冲锋打仗的大老粗们也爱上了读书，其中的典型代表叫吕蒙。

有一天，孙权看吕蒙一身腱子肉，勇猛有力，心想这人打仗不是问题，就是脑子不太够用，打磨打磨也许能成为得力干将。于是孙权劝吕蒙："你要多读点书，这样打仗才更猛。"

"读书？我天天打仗，事情太多，哪有时间读书啊！"吕蒙觉得不可思议，自己天天在战场上冲锋陷阵，哪还有心情拿几本书翻来翻去？

"这话就不对了，现在哪个人不忙？我让你读书又不是让你做大学者。你有我忙吗？我现在每天挤出时间读历史、看兵法；你有光武帝忙吗？他一天不看书就浑身不自在；你有曹操忙吗？他坐在马车上都在读书。"孙权一连串的反问让吕蒙不停地点头称是。

"是，是，主公批评得是。可我要读什么书呢？"

“你应该赶快读《左传》《国语》等史书。”爱读书的孙权给吕蒙开出了系列书单，《左传》是必读书。没有文化的吕蒙下定决心读书，结果越读越觉得有趣，常常连吃饭睡觉都忘记了，不知不觉中竟把孙权推荐的书全部背了下来。

读书多、见识广的鲁肃，一向看不起粗人吕蒙。一天，他跟吕蒙闲聊，忽然发现那个只会喊打喊杀的吕蒙竟然出口成章，引经据典。莫非这个大老粗“穿越”了？

吕蒙笑着说：“自从听了主公一席话，才发觉读书比打打杀杀有意思多了！”

鲁肃感叹：“你不是那个只有武略的吕蒙了！”

同时代的关羽也是《左传》的狂热“粉丝”。拿着砍刀背《左传》，你说敌人可胆战？难怪他那么勇猛！

到了宋朝，范仲淹发现勇猛胆大的小将狄青不善于研究前人的战法，决定好好敲打敲打他。一天早上，狄青在后花园练武，长枪大刀舞得虎虎生风，范仲淹看得心生欢喜，叫道：“好，好！”

满头大汗的肌肉男狄青见范仲淹过来，忙躬身施礼，说：“小的献丑了，请大人指点！”

时机刚刚好，范仲淹拍拍狄青的肩膀，语重心长地说：“你武功很高，但如果想要取得更大的成就，必须多读点书。我这里有本《左氏春秋》，你拿去好好研究！”

自从读了《左传》，狄青变得更加有勇有谋，令敌人胆寒，最终成长为一代名将。

《左传》到底有什么魔力，又是哪位神人写的呢？

春秋时期，鲁国历代史官们记录了很多杂七杂八的历史事件与故事。后来，出生于鲁国的孔子按照年代对这些历史重新进行编排修订，取名《春秋》。基于孔老夫子儒家创始人的特殊身份，《春秋》成了儒家的经典课本。但是，《春秋》的文字过于简单，而且里面的故事年代久远，不太容易理解，于是又出现了很多与之配套的“完全解读”系列辅导书，对《春秋》的内容进行解释、说明和补充。

有三位“特级教师”的辅导书最出名：左丘明的《春秋左氏传》、公羊高的《春秋公羊传》、谷梁赤的《春秋谷梁传》。这三本书合称《春秋》三传，被列为儒家经典配套参考书。而这三本书中又以《春秋左氏传》（简称《左传》）的水平最高、影响最广，它的作者左丘明（有争议，这里采用司马迁的说法）和孔子是“铁哥们儿”。

左丘明是齐国开国君王姜太公的后裔，他的祖先在齐国发生内乱的时候逃到了楚国，担任了楚国的左史官，从事记录农事、历史、天象等的文字工作。在那个时代，这样的官职往往是父死子继、世代相传。古人又常以官职为姓，于是左丘明的祖先改姓左，成了楚国的“新生代移民”。

到了他父亲这一代，楚国又发生内乱，皇室内部、兄弟之间，相互残杀，血雨腥风。内乱不停，外患又起，周天子率领诸侯前来讨伐。作为史官的左丘明的祖父与父亲清楚，战争会让书籍毁于一旦。为了保存文化典籍，左家人来到了政局比较稳定的鲁国，又成了鲁国的太史。

左丘明在祖父、父亲的教导下，博览天文、地理、文学、历史等方面的书籍，在普通人连字都不认识的时代，年轻的他已经是学识渊博的大学者了。长大后的左丘明接替父亲担任鲁国太史官，和同样知识丰富、为人正直的孔子惺惺相惜，志同道合，成了无话不说的好兄弟。

当年，三桓势力正盛。鲁桓公的嫡长子是鲁庄公，其他三个儿子庆父、叔牙、季友等人的后代分别被称作孟孙氏、叔孙氏、季孙氏。因为他们有个共同的祖宗——桓公，所以被称为“三桓”。这些家族世代为官，长期把持鲁国政权，根本不把鲁国君王放在眼里。

孔子对这种臣强君弱的现象非常担忧，他积极主张改革，加强君王的权力。

时任鲁国君王的鲁定公打算重用孔子，想先找三桓商量一下人事安排问题。

左丘明立刻劝阻道：“孔子乃当今的圣人，他一旦当政，那些目无君上、尸位素餐的人就会全部‘下岗’。您现在任用他，当然是国家的幸事。您想跟三桓商量，他们怎么会支持您的任命呢？”

“不会吧？”鲁定公有些不以为然。

唉，木鱼脑袋，我举个例子让你开开窍。左丘明又解释道：“从前有个人很喜欢毛皮大衣，也喜欢美味羊肉。他跑去跟狐狸商量：‘把你的皮毛给我如何？’又兴冲冲地跑去跟山羊说道：‘把你的羊肉给我如何？’您觉得狐狸和山羊会怎么做？它们马上消失得无影无踪，那个人最终什么也没得到。不如联合山羊干掉狐狸，尽快得到毛皮。您现在想重用孔子，却要和与他有矛盾的三桓商量，您觉得能成功吗？”

鲁定公恍然大悟，于是避开三桓，直聘孔子。

左丘明与孔子还有一个共同的兴趣爱好——编修历史。两人曾经一起拜访周王朝的太史，查阅档案，抄写资料，探讨历史问题。回到鲁国以后，孔子一边积极从政，一边编写《春秋》。他向鲁定公提出“隳三都”的建议。“三都”指三桓的三个“根据地”：孟孙氏的成邑、叔孙氏的郈邑和季孙氏的费邑。三桓住在京城里，三都由他们的家臣掌管。

孔子极力主张拿掉“三都”，重建国君的威信。手握重权的“三桓”自然也不会坐以待毙，他们联合起来冷落排挤孔子。最终，势单力薄的孔子被迫离开鲁国，带着一帮弟子周游各个国家，寻找安身的地方。

埋头修史的左丘明并不热衷政治，继续留在鲁国。因为这里是周公的封地，保留了很多前代的礼乐制度与文献档案，可以供他阅读研究。

到了晚年，左丘明考虑到孔子的《春秋》过于简略，通过孔门弟子口头相传，又容易出现错误，导致后人无法理解孔子的本意。于是，他开始在《春秋》的基础上编写内容更为翔实的《左传》。

《春秋》只是按照时间顺序对历年发生的事件进行粗略记载，往往一件事情只用一两句话甚至一两个字概括。比如《春秋》里有一句话：“十年春，王正月，公败齐师于长勺。”而《左传》对这句话的来龙去脉进行了详细记录，成为古文名篇《曹刿论战》。

鲁庄公十年（公元前684年）的春天，齐国军队大举入侵。庄公大怒，打你没商量！准备让侵略者死无葬身之地。

曹刿请求拜见鲁庄公，他的同乡嘲笑道：“那些吃着美食、穿着好衣的当权者们正在出谋划策，你一个小人物跑去凑什么热闹呢？”

“当权者？那些目光短浅的人，也能出谋划策？”曹刿不屑一顾。

见到鲁庄公，曹刿直截了当地问：“您凭什么觉得自己能赢呢？”

鲁庄公得意扬扬地说道：“我从不独占财物，总是分给身边的大臣们，让属下衣食无忧，他们还不得拼死效命啊！”

曹刿摇摇头，说道：“您那是有选择性的分红，老百姓受到这种恩惠了吗？他们会听您的吗？”

鲁庄公不服气：“我认真核实祭祀祖先和神灵的各种祭品，从来不虚报数目，从不欺骗祖先和上天。”

曹刿依旧摇摇头，说道：“这种小小信用，怎能取得神灵的信任？神灵是不会保佑您的！”

这还不行？鲁庄公想了想，别急，我还有招！

“我向来依法办事，尊重法律，对全国大大小小的案件仔细审查，合理裁决！”

“不错，不错！这才是君王该干的事！有法必依，执法必严，公正公平，这样可以团结大多数人，让他们深爱您的国家，仅凭这一点，就可以战胜敌国。请让我跟您一块去前线！”曹刿认为，用待遇留人不能长久，用感情留人才是关键。决定战争胜负的关键不在战场，而在后方，在百姓。你公平公正地对待每个人，大家才会拼死为你效力。

战斗开始了。鲁庄公邀请曹刿同坐一辆战车，在长勺与齐军摆开阵势。

“击鼓，前进！怎么样？”鲁庄公迫不及待地想要冲过去，打倒侵略者。

“现在不行！”曹刿摇摇头。

“咚，咚，咚！”对面响起了三次击鼓声，每击一次，齐军就喊杀冲锋一次。

曹刿一看，时机刚刚好，下令道：“击鼓！”

养精蓄锐的鲁军犹如猛虎出笼，杀声震天，声音明显盖过已经冲了一段路的齐军。气势压倒一切！

齐军害怕了，赶紧撤退，吓死宝宝们了！

兴奋的鲁庄公正要下令追击，曹刿阻止道："现在还不是时候！"说完，他立即跳下战车，仔细查看齐军车轮的痕迹，然后登上战车，远望齐军的队形，然后摸着胡须，点点头，蹦出一个字："追！"

这一仗，鲁军大胜！开心的鲁庄公问道："你为什么两次下令都跟我的想法不一致呢？"

"打仗，靠的是士气。第一次击鼓，士兵们精神振奋；第二次击鼓，士兵们有点疲倦；第三次击鼓，士兵们力气减弱。我们避其锐气，一鼓作气，才能冲劲十足。

"为什么不马上追击他们呢？齐国是大国，实力摆在那里，轻易撤退，我怕其有诈。但是我看到他们车轮的痕迹混乱不堪，望见他们的旗帜东倒西歪，断定他们不是故意撤退。如果前有伏兵，他们怎么会如此手忙脚乱？所以我觉得应该立刻追击。"曹刿道出了原因。

原来如此，原来如此！鲁庄公敬佩不已。

左丘明用详细而生动的文字记录了鲁国与齐国的长勺之战，而且并没有因为鲁庄公是君王而美化他，而是采用客观记录的方式突出战场功臣——曹刿深谋远虑的形象。

《左传》好看，是因为它用精彩生动的细节丰富了枯燥的历史。左丘明经过 30 多年的努力，写成了一部纵贯鲁隐公到鲁哀公 200 余年、18 万余字的伟大历史著作《春秋左氏传》。它借助了孔子《春秋》的框架，却打破了《春秋》"记流水账"的叙事方式，有时详写一个事件的来龙去脉，有时集中写历史人物的经历，有时记录人物的精彩对话，其中的一个故事还被搬进了中学语文课本。

春秋时期的一个夜晚，一位七十岁的老人望着天空长叹："人生七十古来稀！我一生都在学习知识，才华满满却无处施展，如今真的要这样默默无闻地死去吗？真的一辈子只能做一个圉正（养马的小官）吗？尽管朝中的朋友知道我的本领，可又有什么用呢？他已经不止一次地推荐我了，结果连他也被人嘲笑。"

当年，秦国、晋国两大霸主企图联手将小小的郑国灭掉，在朝中做官的朋友推荐了这个养马的老人去劝秦王退兵。所有人都哈哈大笑："你这人太狡猾了，是怕自己有危险，不肯亲自去说服秦王，所以才将一个快死的老头子推出去做替死鬼吧！"

朋友摇了摇头，心想：你们这些俗人哪里知道那个老人的本事？

夜空下的宫殿里，也有一个人在仰天长叹："唉，当初真不该得罪重耳（晋文公）。当年他逃到我这里，我不该怠慢侮辱他啊！我哪里能想到当年乞丐一般的他现在会这么有出息呢？如今他联合秦国来攻打郑国，这下可怎么得了？虽然我已经派了几个人去跟他示好，可他油盐不进，看来是不吃掉郑国誓不罢休了。"

这个时候，老人的朋友来了，对一筹莫展的郑文公说："现在郑国已经处于悬崖之巅，一不小心就会掉入深渊，如果派我那朋友去见秦王，一定能说服他们撤军。"

"他？"郑文公一听，好像有点印象，"你说的是那个七十岁的老头？"

"对啊，就是他！"老人的朋友看着郑文公，坚定地回答，因为他深信朋友的本领。

"好吧，你让他过来！"郑文公虽然半信半疑，可已走投无路。反正事已至此，让那老人去试试也无妨。

很快，老人来了。看着他佝偻的身影、全白的头发、颤巍巍的脚步，郑文公心中很是不屑，不过还是挤出春天般的微笑，说：“麻烦老人家了。”

老人也有点不高兴，你假笑比不笑还难看！这个时候才想到我，早干吗去了？于是故意说道：“我年轻的时候，尚且不如别人，现在老了，更没能力办事了！”

嘿，这老头，要不是国家危亡之际，我才懒得搭理你。郑文公咬咬牙，赔笑道：“早些年没能重用您，是我不对，但是郑国灭亡了，对您也不利啊！”

老人要的就是这个态度，郑国是他的故乡，他怎能眼睁睁地看着它被人灭亡？于是，他答应了。

当时晋军驻扎在函陵，秦军驻扎在氾南，郑国已经被他们围住。

在一个伸手不见五指的黑夜，老人命人从郑国城头偷偷用绳子把他放下去，悄悄地去见秦穆公。秦穆公看到这个老人不顾生命危险，颤颤巍巍地跑到这里来，于是客气地接待了他。没想到，接下来老人的一番话，竟说到秦穆公心里去了。

老人说：“秦、晋两国围攻郑国，郑国已经知道要灭亡了。如果灭掉郑国对您有好处的话，我也不敢来麻烦您。但是您想想，打下郑国您会得到好处吗？你我之间还隔了一个晋国，越过晋国，打下郑国做秦国的边境，您觉得可能吗？晋国有那么善良吗？到时候郑国的领土肯定会被晋国吞了去，您又何必灭掉郑国而增加晋国的土地呢？晋国得到了土地与实惠，国力增强了，您的国力就会削弱，那晋国的下一个目标会是谁呢？”

秦穆公流汗了，是啊，就算打下郑国，中间还隔了一个强大的晋国，我能得到什么好处？我经过晋国去自己的国家，岂不是还得先到晋国“办签证”？

老人站在秦国的角度来劝说秦穆公，丝毫不提郑国会怎么样。这就是谈判高手，知道别人担心什么，需要什么。

见秦穆公陷入沉思，老人趁热打铁，说："假如您放弃攻打郑国，而让郑国作为您东边的朋友，以后秦国使者来来往往，需要什么我们提供什么，对您秦国来说有什么害处吗?"

打下郑国有什么损失，不打下郑国又有什么好处，正反对比，形成强烈反差，让秦穆公陷入沉思。

老人接着说："况且，您曾经对晋国大王多好啊，他也答应把焦、瑕两个地方割让给您。然而他做到了吗？信守诺言了吗？他早上渡河回到晋国，晚上就加固城池抵抗秦国，您难道忘了吗？晋国贪得无厌，满足得了吗？既然它已把郑国当作东部的疆界，肯定又想扩张西部的领土（秦国就在晋国的西边），将来如果不攻打秦国，它又能从哪里取得日夜盼望的土地呢？使秦国受损而使晋国受益，请您好好考虑考虑!"

秦穆公擦了擦汗，心想：晋国现在这么厉害，拿下郑国之后，如果掉过头来打我，我能扛得住吗？这个老头说得对，当年我帮助重耳（晋文公）夺得皇位，他的确答应给我土地，可现在连土块也没看到啊！这年头，亲兄弟、父与子之间都相互残杀，何况是两个国家。

不得不说，老人的挑拨也是站在秦国的角度替它着想、替它谋划。他既没在秦国面前跪地求饶装可怜，也没吹牛侃天说大话，只表达了一个意思：我就是来拯救你秦国的!

沉思片刻的秦穆公马上露出笑容，说道："老人家说得对!"并马上与郑国签订了盟约。留下杞子、逢孙、杨孙三位将领帮郑国守卫，防止晋国偷袭之后，秦穆公就自己回国了。

晋国人不乐意了，秦国也太不讲义气了！大将子犯请求晋文公下令攻击秦郑联军，晋文公说：“不行！假如没有穆公的支持，我就不会有今天，受了别人的恩惠而又去攻击他，是不讲道德仁义；为了这次的事情而失掉秦国这个可以长期利用的朋友，是不懂谋略智慧；在这种形势下去攻打全城戒严的郑国，是逞匹夫之勇。我们还是回去吧！”

聪明的晋文公也撤离了郑国，一场灭国危机就这样被轻松化解。老人看似只说了三言两语，实则这是他长期学习积累的大爆发。几十年如一日地用心观察，静观天下大事，分析各国形势，才能快速找到矛盾的关键点。他也为后期战国的纵横家们树立了榜样，“老当益壮，宁移白首之心？穷且益坚，不坠青云之志”。

老人的名字叫烛之武，他的朋友叫佚之狐，这篇文章叫《烛之武退秦师》。

《左传》既是历史典籍又是文学巨著，并且首创了“君子曰”一栏：在写完故事之后，抒发感慨与发表点评，让人知道什么该做，什么不该做。这为后世的史学家们编写史书提供了借鉴。

长期的劳累，导致左丘明的眼睛出现了问题，最后什么也看不见了，只能辞官回家。反正闲着也是闲着，眼睛虽然瞎了，头脑依然清晰，他要为史学流尽最后一滴血。

历史故事有了，那些重要人物的重要讲话是不是也该记录下来？于是他把每个国家历代君王、大臣、诸侯在各个场合说的话有选择性地记下来，由他口述，由助手记录，按国分类，编成了中国最早的一部国别体史书——《国语》（作者也有争议，这里依然采用司马迁的说法），分周、鲁、齐、晋、郑、楚、吴、越八国记事，各个国家对应的就是《周语》《鲁语》《齐语》等。《国语》通过人物之间的对话还原精彩瞬间，体现人物的多样性格，其中就有著名的《召公谏厉王弭谤》。

继位之后的周厉王，很快就暴露了荒淫的本性，在挥霍享受的道路上越走越远。没过几年，国库就见了底，没有钱还怎么享受人生呢？

这个时候，宠臣荣夷公走过来说："好办！大王您只要下一道简单的命令即可。不论是王公大臣还是平民百姓，只要他们采药、采矿、冶炼、砍柴、放牧、捕鱼虾、射鸟兽，甚至喝井水、过城门，哪怕去公共厕所，统统都要纳税。"这就是交"专利费"！

这个主意妙，钱财排山倒海般滚滚而来！周厉王大笔一挥，立刻下达命令。

正直的大臣坐不住了，大王是不是哪根筋搭错了？出身名门的召虎（召穆公）专门写了一首诗歌来劝诫周厉王（后来被收入《诗经》，题为《大雅·民劳》）。

人民实在太辛苦了，只求吃口饭、歇一歇。作为统治者要为他们遮风挡雨，这样他们才能俯首称臣嘛！现在你不仅掀翻了他们的房子，还搜刮了他们的钱财，几个意思啊？

可惜，周厉王没看懂其中的深意，认为自己的王位乃天注定，百姓又能奈我何？

吃喝拉撒都要交税，老百姓们受不了，怨气渐渐在整个社会弥漫。召虎明白形势危急，已到了千钧一发之际。唉，既然我劝说不了你，就把你的祖先搬出来。于是他假托周文王，写了一首歌（《大雅·荡》），模仿周文王的口气委婉地劝告周厉王，老百姓的愤怒已经到了极点，您也该收敛收敛了！

收敛？做梦！老百姓还敢乱说话？看我怎么治他们！

周厉王不仅不听劝，反而变本加厉。他找来一帮奸臣小人组成“暗访小分队”，监视、记录那些指责自己的人，谁敢乱说话，就杀死谁。

不交税的，杀！私下议论的，杀！看不顺眼的，杀！

从此，都城的百姓再也不敢说话，亲戚朋友在路上相遇，也紧闭着嘴巴，只是点头示意。周厉王有些飘飘然了，他得意地对召虎说：“你看看，我多厉害，老百姓再也不敢乱叫了。”

看着智商始终不在线、情商一直掉链子的周厉王，召虎再也忍不住了，直接炮轰：“你堵住百姓的嘴巴，好比堵住滚滚向前的河流，河流一旦决口，洪水便会奔涌而出。想要治理水患，只能疏通引导，治理百姓也一样，应提供条件，让他们畅所欲言。明智的君王处理政事，会让各级官员进献讽谏朝政的诗句，让乐师进献反映百姓疾苦的歌曲，让史官进献有借鉴意义的书籍，让平民百姓直白地表达意见，让王公大臣勇敢地规劝过失。老百姓发表议论、提出批评，简直是我们的宝贝和财富啊！只要大家说得对，我们照着做，难道不好吗？舆论利用得好，就能使国家强大，人民富裕。您现在野蛮地堵住大家的嘴巴，能堵多久呢？又怎能堵得住呢？”

我不听，我不听！周厉王的头摇得跟拨浪鼓一般，懒得理你，懒得理你！

终于，火山爆发了。都城镐京（今陕西省西安市）的百姓们聚集在一起，拿起锄头、砍刀、凳子、木棒等各式“自发性武器”，包围了王宫。他们愤怒的脸上写了三个字——要你命！周厉王抱起几样财宝，以“凌波微步”的速度跑得不知去向。

《国语》虽然记录人的语言，但并非什么话都记，而是选择那些有借鉴意义的话。召公的那段关于“疏和堵”的话就能够启发后世的为政者。

《左传》和《国语》的横空出世，照亮了千秋万世，左丘明也因此封神。有些人自己虽不写作，但后世的人出于敬仰，将他们有趣的故事记录下来，形成一部部富有哲理的书籍。

◆参考资料：

1. 司马迁：《史记》（传世经典文白对照·全5册），中华书局，2019年12月第1版。

2. 陈玉刚：《中国古代散文史》，人民日报出版社，1998年8月第1版。

3. 鲍宇星、丁富生：《〈左丘明小传〉考辨》，《今古文创》，2020年第13期，第32—33页。

4. 杨奇：《直笔修史，左丘明一生情怀系家国》，《春秋》，2021年第1期，第60—62页。

5. 中华书局编辑部：《名家精译古文观止》，中华书局，1993年2月第1版。

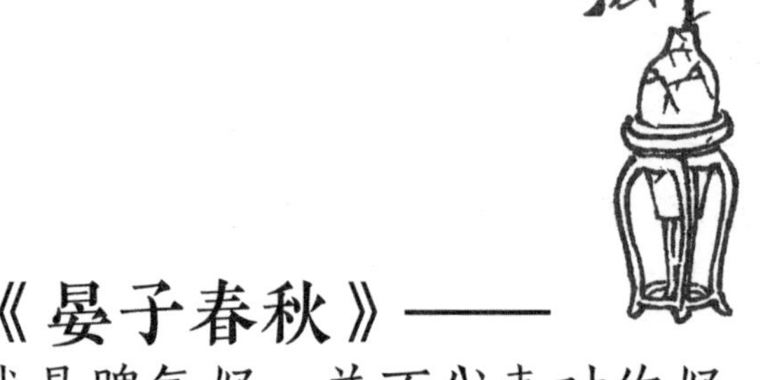

《晏子春秋》——我是脾气好，并不代表对你好

晏子经历齐灵公、齐庄公、齐景公三朝，辅政长达50余年，受到三代君王的信任与重用。晏子到底有什么过人之处呢？

他有一张“夺命剪刀嘴”！

出使国外，面对别人的故意羞辱，他能用三言两语把人“剪”得体无完肤。有一次，晏子奉命出使楚国，楚王对身边的人说：“据说，晏婴是齐国最能言善辩的人。既然他要来，我想羞辱羞辱他，大家一起想想办法，让他出出丑，别以为我们楚国没人。”

楚国君臣聚在一起想了很多馊主意。待到晏子出使楚国的那天，到了城门口时，楚国人想嘲笑他身材矮小，故意不开正门，而是在正门旁开了个小门来迎接他。那个时候，大户人家会在正门旁的墙根开个小门或留一小洞，方便猫狗出入。

楚国这个举动的意思很明确：你只配钻狗洞！

晏子并没有从小门进入，也没有恼羞成怒，反而和颜悦色地说道：“只有出使狗国的人，才从狗门而入。我现在出使的是大名鼎鼎的楚国，不应该从狗门进去。难道我现在出使的是狗国？要见狗大王？”

楚国人一听，再不开门迎接，我们不都成了狗国的狗奴才了吗？我们的大王岂不成了狗王？楚国人马上开门，恭恭敬敬地请晏子进城。

晏子看起来矮小，却腰板挺直，走路带风。楚王上下打量着前来拜见的身材矮小、长相普通的晏子，不屑地哼了一声，挑衅道："你们齐国没人了吗？居然派你这样的人到我们国家来！"

晏子不甘示弱，冷静地答道："我们齐国首都临淄（今山东省淄博市临淄区）有七千多户人家，展开衣袖可以遮天蔽日，挥洒汗水犹如倾盆大雨，人挨着人，肩并着肩，脚尖碰着脚跟，怎么能说齐国没有人呢？"

哼，齐国怎么会没人？我们人才济济，团结一心，谁想打我们的主意，分分钟灭了他。

搞了半天一点便宜没占，还让晏子占得上风，楚王不甘心地说："哦，既然这样，为什么派你这样一个人来做使臣呢？"

晏子依旧昂首挺胸，回答道："我们齐国派遣使臣，根据的是去往国家的情况。贤明的使者被派遣到贤明的君主那儿，无能的使者被派遣到无能的君主那儿。我是齐国最无能的人，所以只好出使楚国这么个国家了。"

楚国的大臣们惊呆了，晏子的确不好惹啊！

可是楚王依然不甘心，我堂堂一个大王，还治不了你？当晚，楚王设宴款待晏子，酒喝得正高兴的时候，楚国的两个官员绑着一个人，故意从旁边走过。楚王瞟了瞟晏子，大声地问道："你们绑着的是什么人啊？"官员恨不得拿喇叭喊道："他是齐国人，来到楚国不好好劳动，去偷人家的东西，被我们抓住了。"

楚王嘴唇轻蔑一撇，眼睛一瞟，问晏子："你们齐国人是不是很喜欢偷窃啊？当小偷是你们齐国最近的时尚吗？"

又是赤裸裸的挑衅！

只见晏子从容不迫地离开座位，镇定地说道："我听说橘子生在淮河以南就是甜甜的橘子，生在淮河以北就变成酸苦的枳果了。它们只是形状相像，味道却完全不同，你们知道这是什么原因吗？"

楚国君臣摇摇头："不知道啊！"

晏子继续说道："一方水土养一方人。老百姓生活在齐国的时候，安分守己，从不偷窃，现在一到楚国就手脚不干净，恐怕是你们的水土有问题吧？"

楚王尴尬了，看来我们不是晏子的对手啊。于是他自我解嘲地笑道："圣人就是圣人，不能同他开玩笑，我们这是自讨没趣。来，喝酒，喝酒！"

在一番斗智斗勇中，晏子始终保持着君子的风度，驳得楚国君臣哑口无言。

在与自己国家的君王对话时，晏子很恭敬，小心谨慎，但又不曲意逢迎，还时不时对国家大事提出意见。他有一套"幻影太极拳"！

在他出使鲁国期间，齐景公在全国征集了很多人，开始建造一个巨大的娱乐场所，供自己游玩、休息。到了年底，天气寒冷，工人们受冻挨饿，不免牢骚满腹，心生抱怨。

回到齐国的晏子听闻此事，并没有马上犯颜直谏，而是先来了一套"太极组合拳"。一天晚上，齐景公设宴慰劳他出使鲁国归来，两人饮酒畅谈，聊聊人生，谈谈理想，氛围融洽和谐。

齐景公非常高兴，想要赏赐晏子。晏子想，情绪调动得差不多了，该说正题了！他起身对景公请求道："大王若要赏赐微臣，请赏我为您唱支山歌吧！"

景公笑得嘴巴如同绽开的荷花，我大齐国的晏子竟然要开演唱会！有意思，严肃的晏子竟然还是个歌手！来，给寡人露一手。

晏子清清嗓子，站起来，一本正经地唱道：“民间的百姓们说，冷水淋湿了我的衣襟，寒彻骨髓，怎么办啊，怎么办？朝廷的奢侈耗费了我的精力，生存不易，怎么办啊，怎么办？”

是时候表演真正的技术了，唱着唱着，晏子流下一行眼泪。齐景公慌了，这可怎么是好？喝酒喝得好好的，唱歌唱得正开心，怎么还哭了呢？

仔细琢磨着晏子的歌词，齐景公似乎明白了什么。景公马上走到晏子的身边，安慰说：“小晏同志，你为何这么伤心？难道是因为我修建娱乐场所吗？你别哭了，我让他们停工就是了。”晏子马上起身，再三拜谢，大王英明！

为了把功劳让给齐景公，晏子提前来到工地，大声呵斥那些工人：“你们这些人，还不赶快工作，大王让你们修个宫殿，到现在还没有完工，还想不想回家了？”

晏子这是怎么了？工人们都在内心咒骂晏子：这个家伙平日里装模作样，没想到这么坏，难道不知道我们又冷又饿吗？

晏子转身离开，还没到家门口，齐景公下令停工的通知就到了。

整个工地欢呼雀跃，大家感谢齐景公的恩德，开开心心把家还。晏子没有沽名钓誉，没有让君王难堪，在齐景公高兴的时候，唱出民间的歌谣劝诫；等齐景公采纳建议，又把功劳归于他，树立国君在百姓心中的威望。

所以，晏子成了“三朝挺立不倒翁”！

面对下属，晏子也和蔼可亲，从来不高高在上。他有一颗“宽容大度心”。

他的车夫仗着自己乃宰相贴身的“驾驶员”，总是趾高气扬，生怕别人不知道他的“崇高身份”，和温文尔雅、谦恭有礼的晏子形成鲜明对比。车夫的老婆受不了了，心想：我怎么会嫁给这样一个不知天高地厚的老公？我要跟他离婚，我要跟他拜拜！

车夫觉得莫名其妙，老婆这是怎么了？我堂堂一个宰相的贴身车夫，竟然要被离婚了？不行，我得问问原因，不能这么不明不白地被甩。

结果，他的老婆气愤地说道："晏子身高不满六尺，身为宰相，名震天下。今天，我看他出门，坐在车里态度谦虚，对人温和。再看看你，身高八尺，做人家的车夫却傲慢无礼，眼睛朝天，不知道的还以为你是相国，他是车夫呢！你难道不能跟晏大人好好学学？我要跟你离婚，眼不见心不烦。"

啊，没想到是这个原因！

晏子的车夫惭愧不已。是啊，我做得的确太过了。人家说近朱者赤，我怎么变"黑"了呢？为了挽救即将破碎的婚姻，他好言相劝道："老婆，什么都不说了，你先暂缓离婚，看我表现，看我表现！"

从此车夫收敛自己，不断提高个人修养，偷偷学习晏子的为人处世技巧，刻苦钻研学问，渐渐变得谦卑有礼、学识渊博，就像完全换了一个人一样。

晏子觉得很奇怪，眼皮子底下的这个人为何变化这么大？我没有教育过他啊？我得问问是怎么回事。车夫把事情的来龙去脉说了一遍，再不改，感情就要破裂，老婆就要离开了啊！

孺子可教也，这样的同志要重用！晏子推荐车夫做了官，让他们夫妻双双把家还。

晏子不仅对下属和颜悦色，善于发现下属的优点并及时加以表扬，对家人的态度也很温和，对妻子更是不离不弃，也没有像别人一样有了地位就纳妾。

有一天，齐景公看到晏子的老婆又老又难看，不禁心生同情，老晏每天吃饭能香吗？对，公主继承了我的优秀基因，貌美如花，给他做老婆，岂不很好？他马上对晏子说出了想法。

面对天上掉馅饼的事情，晏子并没有接受，而是恭敬地回答："我老婆虽然现在又老又丑，可年轻的时候也漂亮过。她在最美好的年纪把自己的一生托付给我，与我同甘共苦，不离不弃，我也承诺会照顾她一辈子。现在您让我娶您的女儿，不是让我背弃当年的承诺吗？"

英雄竟能过得了美人关？厉害，厉害！齐景公对晏子敬佩不已，既然做不成岳父，我就继续做你的君王吧！

晏子对不同的人有不同的态度，但这并不是狡猾虚伪。他没有趋炎附势、趾高气扬，始终谦虚待人，赢得了所有人的称赞与敬佩，能低调的人往往有足够高调的资本。

他的故事基本都出自《晏子春秋》，这部书是战国末期，后人假托晏子来编写的。根据现在有些学者考证，这部书是由齐国稷下学宫的学生和老师们汇总编写而成，集合了当时顶尖大学（稷下学宫）师生的群体智慧。书中详细记录了春秋时期经历了齐国灵公、庄公、景公三朝的贤相晏婴的生平经历以及各种传说、传闻、趣闻，收录了两百多个生动有趣的小故事，运用了很多比喻的手法，生动地还原了一个聪明、仁慈、宽容、大度的晏子形象。

这些零散的故事经过西汉时期的刘向整理，分为内篇、外篇两部分，内篇分谏上、谏下、问上、问下、杂上、杂下六篇，外篇分上、下两篇。谏上、谏下主要记叙晏子劝说齐国君王的言行；问上、问下主要记叙晏子和各类人交往过程中的对话，其中有很多关于外交活动的有趣故事；杂上、杂下主要记叙晏子其他零零散散的小事。外篇的上下两篇内容比较杂，补充了晏子其他不为人知的故事。

到了春秋末期，随着经济的发展、财富的增加、文化的传播，有学问的人越来越多，他们纷纷著书立说、发表见解，造就了一个群星闪耀的时代。

◆参考资料：

1. 苗江磊：《模拟与议政：稷下学士与〈晏子春秋〉的文本来源论析》，《国学学刊》，2021 年第 4 期，第 5—12 页。

2. 陈涛：《晏子春秋译注》，天津古籍出版社，1996 年 7 月第 1 版。

3. 司马光：《白话资治通鉴》，新世界出版社，2011 年 1 月第 1 版。

4. 司马迁：《史记》（传世经典文白对照 · 全 5 册），中华书局，2019 年 12 月第 1 版。

百家学说——那个群星闪耀的时代

西周初年，周武王灭掉商朝以后，同姜子牙、周公旦等人商议，把全国分成若干个诸侯国，由周天子分封给在灭商大业中做出贡献的亲戚和有功之臣，充当周朝统治中心的屏障，即所谓的“封建亲戚，以藩屏周”。一旦发生战争，这些诸侯国要替周天子“挡子弹、挨炮轰”。分封制不光是帝王收揽人心的方式，在生产力极为低下的时代，没有高速公路与高铁，稍微偏远的地方一旦发生战乱或者其他天灾人祸，又没有电视、电话与电脑，消息不能很快地传给统治者，所以就得实行分封：将全国像切蛋糕一样切成若干块，你一块、他一块，哪个有功就给哪个吃一块，随便他怎么吃。给这些人高度的自治权与决策权，分封地发生了任何事情都可以自行解决，因为等他们跑到中央通知周天子时，估计黄花菜都凉了。

当然，蛋糕也不能白吃，有了危难，兄弟们要齐上阵！这些诸侯国在战乱的时候要成为挡箭牌，护卫天子的都城。西周的都城与诸侯国就像一个圆形的蛋糕，蛋糕的最中央是都城，无论敌人从哪个地方攻击，首先被切的都是外面的蛋糕。

这样的分封制度给了地方高度的自由，充分调动了诸侯的积极性，生产的越多自己得到的就越多。这好比企业的加盟制度，刚开始的时候肯定能让企业迅速扩张，因为每个店主自己都是老板，积极性很高，但时间一长就容易出问题。如果你发挥聪明才智，把诸侯国搞得比周围的诸侯国都好，甚至比中央还好，却跟别人享受一样的政治待遇，你心里能平衡吗？你会听从一个无论经济实力、相貌才能都不如你的人吗？你能忍受他整天对你指指点点、骂骂咧咧吗？

到了春秋时期，分封在各个地方的诸侯国经过多年的发展，逐渐强大。有钱有人有队伍，为什么要毕恭毕敬地听从中央的？周天子做得了天子，为何我们做不得？

强大起来的诸侯国不再把中央政府的周天子放在眼里，周王朝已经失去了“龙头老大”的地位，土地面积越来越小，税收也越来越少，跟着周天子已经捞不到油水，跟着小诸侯国连油渣都没有。于是，大家纷纷从衰弱的周王朝、落后的诸侯国，涌向周边的发达国家“打工”。没文化的卖力气，懂兵法的上战场。有文化的人要么开办私立学校，招收学生讲课；要么成为诸侯国君或贵族的门客；要么隐居民间，等待机会。

他们也把原来属于王公贵族的奢侈品——教育和文化带到了民间。夏商周时期的文字基本刻在甲骨和青铜器上，由于书本制作材料的局限，文化难以广泛地传播，识字读书的只有上层社会的极少数人，底层人根本接触不到文字，更别提书籍了，所以底层“草根”很难翻身逆袭。到了春秋时期，制作书籍的材料慢慢变成了竹简，课本费用大大降低。那些原来受过正规教育、有文化有思想的人，暂时得不到诸侯王的重用，于是纷纷开设“辅导班”，一边赚点生活费，一边宣传自己的思想主张，扩大影响力，以求被人赏识。

其中最有名的就是孔子。

《季氏将伐颛臾》

——超级老师的悲伤

孔子的祖上是宋国栗邑（今河南省商丘市夏邑县）的贵族，到了孔子父亲叔梁纥这一代，宋国发生战乱，叔梁纥带着全家人背井离乡来到鲁国，做了小官员，六十多岁娶了小妾，生下孔子之后不久就去世了。失去了顶梁柱的家庭，直接脱离小康奔贫困。孔子上学的机会没有了，只能自学。

读书遇到读不懂的地方，孔子只能到处找人请教。他向当官的人、普通老百姓、白发老人乃至小孩虚心学习，坚信“三人行，必有我师”，坚持精益求精、更上一层楼。有一次，他跟随有名的乐师师襄学习弹奏《文王操》，苦练了很多天后，师襄点点头说：“不错，不错，你已经学会了。”

孔子却摇摇头，虽然掌握了曲子的弹奏技巧，可是没有弹出它的内涵。

继续练习！

过了一段时间，师襄忍不住了，说道：“可以了，你已经弹出曲子的内涵了。”

孔子依旧不满意，还不行呢！没能弹出曲子的灵魂。

继续钻研！

经过反复研究、弹奏，孔子终于弹出了周文王的伟大形象，弹出了《文王操》的灵魂，他这才满意地点点头，可以了！

靠着这样不达目的不罢休的精神，不到三十岁的孔子就成了知识渊博的人，对天下大势有了自己的看法与主张。但春秋时期依然是世卿世禄的“拼爹”时代，上层贵族怎么会搭理孔子这个破落户呢？

作为小官员后代的孔子只能在鲁国担任“仓库管理员”“放牧管理员”等，工资待遇低得可怜，地位低下毫无尊严。看着别人吃香喝辣、大展宏图，他不甘心。唉，既然高层人士不听我的主张，那就让普通人听从我的主张。持不了“绩优股”，我就深挖“潜力股”，万一有学生成功了呢？万一哪天我的主张被人认可了呢？我不就成了“无限可能股”？

于是，他开设“私立辅导班”，采用“一对一”“小班制”的方式教学，形式灵活，价格公道，校长老师一肩挑，教书水平呱呱叫。很多小同学和老同学纷纷报名上课，没钱交学费，拎点干肉来也可以。

在教育被官方与贵族们垄断的时代，这样亲民的辅导班受到了普通人的热烈欢迎。他通过师生对话和小组讨论的方式上课，传播自己的思想，纠正学生的错误。

当时，鲁国为了增加人口，颁布了一道法令：如果在别的国家看到沦为奴隶的同胞，只要把他们赎回鲁国，就能获得国家的补助和奖励。有一天，孔子的学生子贡兴奋地过来报告：“老师，我今天做了好事，赎回了鲁国人没去领钱，是不是很伟大啊？”

孔子却冷静地摇了摇头，开始上课：“子贡同学，你错了！现在鲁国富人少穷人多，你条件好，当然可以做好事不求利，但是你做出了非常不好的示范。因为有你在前，别人赎了人之后不好意思再要钱，要钱的话可能会被人说成贪财。不要钱吧，连饭都吃不饱，哪有余钱做好事？最后只能不了了之，懒得再做好事。我们国家出台奖励政策，就是鼓励更多的人去赎回鲁国人，增加劳动力。你这不是在做好事，而是在破坏规矩。拿钱办事，公平合理，有什么不好？你为什么要破坏规矩呢？”

他的话很有道理，救人就该得到奖励，这样能激励更多的人去做好事，有什么不好呢？学生们若有所思地点点头，老师的观点果然与众不同。后来，子路救了一名落水者，对方送了他一头牛表示感谢，他心安理得地收下了。孔子听说后，高兴地说："嗯，不错，鲁国将会有越来越多愿意营救落水者的人了，因落水而死的人会越来越少。"

孔子高效科学的讲课方式和精彩深刻的课堂内容吸引了很多人前来拜师学艺，孔门弟子越来越多，孔子的名气越来越大，一传十，十传百，传到了鲁国君臣的耳朵里。孔子这只快要跌破发行价的"亏损股"，瞬间被拉升为"网红绩优股"。他被鲁国国君重用，走上了政坛，又在好朋友左丘明的推荐下，成为鲁国大司寇，辅佐君王治理国家。

当时，三桓（孟孙氏、叔孙氏、季孙氏）势力强大，根本不把鲁君和孔子放在眼里。季孙氏的季康子为扩大自己的势力，想发动战争吞并颛臾国。得知消息的孔子对正在辅佐季康子的两个学生——冉有和子路进行批评教育。从对话中，可以看出孔子的政治主张。

"冉有，我得批评批评你了！颛臾是鲁国的附属国，平时老老实实，从不惹是生非，你们为什么要攻打它呢？"

看到老师生气，冉有说道："季康子要这么干，我跟子路两个人也没办法啊！"

嘿，冉有这家伙什么时候学会狡辩了？孔子脸色阴沉，继续批评："冉有，古话说得好，能干就好好干，不能干就赶快下岗，腾出位置给别人干，为什么霸占着那个职位呢？盲人遇到危险引导者不去帮忙，将要跌倒引导者不去搀扶，那要盲人的引导者干什么呢？而且你的话逻辑有问题，老虎和犀牛从笼子里逃跑，龟甲和玉器在盒子里损坏，难道只是它们的错吗？看守的人没有错吗？"

冉有被老师问急了，终于说出心里话："老师啊，您不懂，如今颛臾城墙坚固，防备森严，又离我们那么近，现在不把它拿下，以后肯定会威胁鲁国的安全，我们的后世子孙们怎么办？"

小子，终于说实话了。

孔子毫不客气地批评道："冉有，讲话要实事求是，我们都特别厌恶那些明明是自己想做却要编造各种理由的人。你的想法本身就是错误的，大家不怕贫穷而怕分配不平均，自己吃青菜萝卜，却看着少数人天天大鱼大肉，谁的心里能平衡？我们不怕人口少而怕社会不安定，人少一点怎么了，就不能成为发达国家了吗？只要上下和睦，分配合理，人人有事干，人人有饭吃，鲁国怎么会有危险呢？

"别人不愿意归顺，就对他们进行文化教育嘛！把先进的思想传给他们。别人既然归顺了，就要用待遇留人，用感情留人！看看你跟子路干的好事，颛臾国惹你们了吗？入侵鲁国了吗？人家好好听话，老实进贡，你们却双拳紧握，要把它干掉。而对那些不归顺的刺头，你们却两手一摊，毫无办法。难道你们就只有这点欺负老实人的本事？

"我看你们最近很膨胀啊！野心勃勃，横行霸道。三桓都在找借口扩大自己的地盘，恐怕将来鲁国的威胁，不在颛臾，而在我们内部吧！"

看惯了打打杀杀、你争我夺的孔子，希望社会能回归到西周王朝那样安定有序、等级森严的时期。统治者实行仁政，百姓安居乐业，大臣团结和睦，民众懂得廉耻。在他的理想国里，老人有地方养老，幼儿有条件成长，青壮年有渠道施展才华，鳏寡孤独废疾者皆有所养。

所以，他极力反对战争，反对暴力。干吗天天打打杀杀，不是你死就是我亡？不能和睦共处，好好吃口饭、读个书吗？为了消除鲁国内部的威胁，他发起了一场“隳三都”的运动，拆毁三桓所建的城堡，拔掉他们的根据地，阻断他们的外部支援。结果却被手握实权的三桓联合排挤，打入冷宫！

无法施展拳脚的孔子抑郁了，难道我还真找不到可以施展抱负的地方了吗？我们走，眼不见心不烦！

他带着弟子们周游列国，希望能找到可以推行自己主张的地方。可是在春秋末期，大家都想着怎么夺地盘，每天上演大鱼吃小鱼、小鱼吃虾米的游戏，君王们拼命地搞钱搞武器，哪有闲工夫听人讲礼义廉耻呢？哪有精力跑到别的国家搞“文化入侵”呢？

所以，孔子碰了一鼻子灰。

各国君王大臣们只是碍于他的名声，对他以礼相待，却没人愿意重用他。孔子带着学生们一直飘啊飘，摇啊摇，犹如无根的野草。他们曾经还在陈国被一群野蛮人围困，叫天天不应，叫地地不灵。他和学生们断粮七天，饿得两眼昏花，看什么都像肉包！幸亏子贡找到楚国人，成功劝说他们派兵救援，替孔子等人解了围。

想起自己周游列国而不被重视，到处闯荡却无人理睬，还差点饿死在野外的遭遇，孔子的心里直发凉。唉，我真像一条丧家之犬，我的主人在哪里呢？

在鲁国！

曾经被他批评过的学生冉有率领大军击败了前来进犯的齐国，立下赫赫战功，地位提升了，说话的分量也重了。但老师还在外漂泊呢！在他的努力劝说下，季康子派人迎回了孔子。

周游列国十四年，六十八岁的孔子又回到了原点——鲁国。但季康子只是碍于冉有的面子才请孔子回到鲁国，他给孔子待遇，却不重用，让孔子当个政治花瓶。有官位却不能照着自己的想法治理国家，尸位素餐不是孔子的风格，他该如何实现花瓶的自我救赎呢？

既然时代不容我，那就给后人留下我的思想与主张，将来总有人会明白我的良苦用心。

晚年的孔子不再执着于从政，而是专注于文化典籍的校勘、整理。春秋以前，书籍数量极少，只有贵族子弟才能接触到文字与书籍，而孔子凭着一己之力，编订《诗》《书》《礼》《乐》《易》《春秋》等一批重量级“课本”，让普通人也有读书的机会，让后世的人有学习的教材。这种贡献远远超过了当官从政带来的贡献，他编辑教材的精神与原则更值得学习！

为了编好书籍，他埋头苦读，深入研究，自己都弄不清楚的知识点怎能写进教材？那个时候，没有纸张，文字都写在竹片上。人们把竹子削成长短一样的竹片，刮去上面的青皮，用火烘干（杀青）后，在上面写字，称之为“竹简”。一片竹简最多也就写几十个字，一部书需要很多片竹简。为了方便阅读与保存，当时的人用牛皮绳子将这些竹片串联起来，这样的过程就叫“韦编”。编好一串就卷起来，一部书籍往往需要很多串、很多卷。称起来像个胖妞，堆起来像个山丘。

孔子为了研究深奥难懂的《易经》，读了一遍又一遍，串联竹简的牛皮绳子都被翻断了很多次。正是有了这种韦编三绝（“三”指多次，“绝”指断开）的精神，他才编写出了很多质量上乘、品质一流的儒家经典教科书。

编书写书是一场没有硝烟的肉搏战，需要耗费大量的精力与体力。加上儿子孔鲤，忠诚的弟子颜回、子路等人的相继去世，七十三岁的孔子油尽灯枯，带着无法实现的梦想离开了人世。

孔子虽已离我们而去，但他的思想被一代又一代的弟子们传到四面八方，影响千秋万世。

到了战国初期，中央政府周王朝实力更加弱小，诸侯国每天都在上演吞并小国的“武侠戏”，强国内部也上演着夺权的“宫斗戏”。不管什么戏，谁强大谁就能演“独角戏”！

原先，作为“春秋五霸”之一的晋国，实权掌握在六个世代为官的大家族（韩、赵、魏、智、范、中行）手中。后来，韩、赵、魏三家联合起来干掉了其他家族。既然玩起了大鱼吃小鱼的游戏，那就干脆自己制定游戏规则。三下五除二，他们瓜分了晋国，各自建立韩国、赵国、魏国三个“非法”国家（没经过中央政府的册封和认可）。他们派使者到中央政府，要求修改“联合国宪章”，承认他们的合法性。周天子一看，三家都不是省油的灯，流氓并不是你教育教育就不做流氓的，那就做个顺水人情，正式册封三家为合法诸侯国，承认他们的地位。

魏国的地理位置并不好，缩在原先晋国的拐角，被周围的国家紧紧压制，不发展壮大，只有死路一条。好在它刚从晋国分裂出来，很多世代为官的家族都被冲散了，世卿世禄制度的影响力比较小。魏国开国君王魏文侯（魏斯）采用“老板直聘”的方式，选拔任用了大批来自各个阶层的人才，重用了平民出身的李悝，最先拉开了战国时期的改革大幕。李悝曾经跟着子夏的弟子曾申学习，而子夏又是孔子的嫡传弟子。

魏国率先雄起，争霸模式开启！

缺少土地，夺！缺少地盘，夺！旁边秦国的河西地区不错，位置好、土壤肥，心动不如行动，抢到就是赚到。可是，现在缺乏领兵大将啊！

于是，李悝向魏文侯推荐了老同学吴起。

吴起曾经也在曾申的私立辅导班学习，虽然学习异常刻苦，但他犯了儒家大忌：母亲去世的时候，他没有回家奔丧守孝。曾申愤怒了，不孝顺怎配做儒家弟子？于是将功利欲极强的吴起赶出学校，从此断绝了师生关系。

吴起也愤怒了，亲人死了一定要守孝三年吗？难道不去守孝就是不孝？我还不学你们儒家学说了呢，反正儒家学生毕业也找不到好工作，我要学热门专业，毕业就能创造丰功伟业。

战国时期什么专业最热？兵法！

弃儒家学兵法。从此，吴起找到了人生的方向，成为一代战神。

来到魏国的吴起立刻交出了漂亮的成绩单：攻占了魏文侯垂涎三尺的秦国河西地区（因在黄河以西而得名）。魏国在这个地方设立了西河郡。

人才太重要了！尝到甜头的魏文侯大力推行平民教育。但怎么吸引更多的人才来魏国呢？

放低姿态，才能赢得未来的高姿态。

孔子的学生子夏当时已经是名满天下的百岁老人了，虽然双目失明，但是腿脚灵便。只要他来到魏国讲学，不就能吸引一大批“追星族”前来吗？魏文侯亲自请子夏到西河开办“人才培训班”，并拜子夏为老师。

魏文侯的热情感动了子夏。他迈着颤颤巍巍的步伐，亲自带着一帮弟子来到西河坐镇。孔子的学生分为好多种类别：曾参、曾申父子讲究孝和礼，这在战国时期属于冷门学科；而子夏讲究实用有效的治国之术，这属于当时的大热门学科。上了年纪的子夏是西河培训班的精神偶像，真正授课的是其学子学孙们：公羊高与谷梁赤开设历史课，讲解春秋时期的故事，课堂讲义演变成后来有名的《春秋公羊传》和《春秋谷梁传》；子贡与田子方除了开设儒家经典课程，还创造性地开设了讲授“纵横术”和“经商本领”的课程。这里的儒家不完全是孔子提倡的儒家，更多传授的是非常实用的治国技巧。

一大批人追随而来，西河地区很快出现了战国初期著名的西河学派，魏国成了天下人才向往的理想地。这里不仅有高标准、高水平的学校，还有科学有效的人才选拔制度，不论你的出身、你的过去、你的性格，只要你有本事就能参加“老板直聘”，通过“直聘”就能做官从政。

各个国家的君王亲眼见证了魏国是如何强大起来的，他们明白了一个道理：现在最缺的是什么？是人才！于是他们纷纷抛出橄榄枝，来吧，人才们，你们要什么，我们给什么！

天下人对学习知识与文化产生了强烈的欲望，万一哪天被君王们看中，钱财、地位、尊严一下子全都有了。而那些有文化有思想的人看到了其中的商机，纷纷开设私人辅导班。一来可以招来学徒，收取学费，生活奔小康；二来可以宣传主张，扩大影响，引起君王们的关注。越来越多的私立辅导班开始互相竞争，各种“卷”。为了拉到学生，吸引君王，他们相互辩论，相互指责，形成各个不同的派别，有些“网红辅导班”在激烈的竞争中脱颖而出，这段历史就是著名的“百家争鸣”。

孔子培养出了很多优秀的徒子徒孙，他们有的继承了祖师爷的主张，有的丰富了他的观点，其中最有名的就是孟子。

《鱼我所欲也》《生于忧患，死于安乐》
——各国君王访谈录

“我们来玩办理丧事的游戏好不好？”

“好啊，好啊，走！”

“我们得先用木板做个棺材，谁愿意躺进去呢？”

一群小孩兴奋地玩起了哭丧的游戏。因为他们住的地方离墓地不远，他们每天看到很多大人跪拜、哀号、哭丧、抬棺材，早就熟悉了办理丧事的整个过程。从田里劳动回来的孟母看到儿子孟轲也在其中，皱起了眉头。这样不行！小孩子在这里能学到什么呢？哭丧吗？

孟轲即孟子，他是鲁国贵族孟孙氏的后裔，祖先从鲁国迁居到了邹国。他从小失去了父亲，母亲对他管教非常严格，希望他能重振家族的辉煌。

晚上，坚毅果敢的孟母做了一个重要决定：搬家，马上，立刻！

她把家搬到了市集上，周围都是做生意的人。孟子又和邻居的小孩玩起了叫卖的游戏：走过路过，千万不要错过啊！孟母再一次皱起眉头，不行，这里也没有学习的氛围。

搬家，立刻，马上！

最后，孟母把家搬到一所学校的附近，这里书声琅琅，人们重视教育，人与人之间讲究礼节。孟子学着大家的样子行礼跪拜，认真学习。孟母笑了，这才是小孩子该住的地方嘛！

一开始，孟子学习兴趣浓厚，可是时间一长，就疲倦厌烦了，经常逃学出去玩。一天晚上，正在织布的孟母火了，拿起剪刀，咔嚓一声，剪断了织布机上的纺线。

孟母板起脸，严肃地说道：“织布机上被割断的纺线，再也无法织成完整的布匹。你放弃学习，怎么能成为有用之才呢？不刻苦读书，三心二意，将来能干什么？”

孟子惊呆了，他从来没见过老妈如此生气。这一剪子下去，和谐的母子关系也没了。望着妈妈花白的头发、手上的老茧和恨铁不成钢的泪眼，孟子醒悟了，唉，我真是个不孝的儿子。

一切尽在不言中，老妈请看我的实际行动！

从此，孟子埋头学习，日夜苦读。他尤其喜欢孔子的学说，经过长期的深入钻研，他对天下大势有了独特的看法，对治国理政有了自己的主张。百家争鸣，就是要争论与“鸣叫”，不争不鸣怎能自成一家？孟子与他人展开了激烈的辩论。

别人抛来一个难题：“你老人家总是说施仁政、讲道义，说得冠冕堂皇、头头是道，那如果在仁义和生命面前，只能选择一个，你应该怎么办呢？”要说不怕死，肯定被人看成伪君子；要说不想死，岂不打自己的脸？

孟子开始了他的口才表演，一边打比方，一边说道理。

“我想吃鱼，也想吃熊掌，如果两种东西不能同时吃到，我就舍弃鱼而选熊掌，因为熊掌稀有宝贵嘛！我想保护自己，又想赢得正义，如果两样东西不能同时得到，我宁愿牺牲生命也要获得正义，因为正义难得嘛！

“当我们面对死亡威胁的时候，有人苟且偷生，有人大义凛然；有人哭哭啼啼，有人从容不迫。低头求饶，就能躲避灾祸，可有的人却不肯，为什么呢？因为他们心中还有坚持的原则，有比生命更宝贵的东西，那就是道义。

“当别人拿来饭菜，带着鄙视的眼神用脚踢碗、大呼小叫，只要是有点骨气的人，即便饿死也不会去吃。有的人看到好处就上，不辨是非就干，岂能算个贤能的人？有的人为了功名利禄而抛弃道义，这样的人还有羞耻之心吗？

“如果要实行仁政，必先修炼品行。自己都不讲道义，怎么能爱护百姓？”

别人又抛来问题：“如何修炼品行、完善自我呢？如何才能成为一个受人尊敬的人呢？”

那就列举那些历史上确实存在的成功人士，看看他们是怎么做到的。

“舜帝做过农夫，傅说当过‘民工’，胶鬲贩卖鱼盐，管仲身陷牢狱，孙叔敖隐居海边，百里奚做过奴隶，这些曾经地位低下的人最终都成就了非凡的事业，为什么呢？

“上天若要你成功，必先让你落空。让你在劳累、饥饿，再劳累、再饥饿之中，在失落、绝望，再失落、再绝望之中循环往复，受人白眼，遭人陷害。只要你成为打不死的‘小强’，重新站起来的那一刻，就是众人仰望的巨人，因为你掌握了应对各种艰难困苦境遇的绝招，拥有了普通人不具备的能力。否则，如果谁都能随随便便成功，那成功还能轮到你吗？

“所以嘛，挫折和危险并不是坏事。一个人时常犯错，才能懂得改正；内心感到困惑，才能知道转变。一个国家如果在外没有压力，在内没有贤士，迟早会完蛋的！”

思想越来越成熟的孟子一边教授学生，扩大影响，一边周游列国，游说于各国君主之间，“贩卖”他的理想与主张。

孟子来到齐国，齐王对他表面“火云掌”，内心“寒冰掌”，三分钟热度，七分钟冷冻。孟子火了，毫不客气地批评道：“大王啊，如果你把那些生命力极强的植物放在太阳底下猛晒一天，然后又放到寒冷的地方冷冻十天，你觉得它们还活得成吗？我把好的主张讲给您听，结果我一离开，您又听信奸臣、反对者们的谗言。我再有本事，也无力回天啊！

“我举个例子吧！下棋虽是小儿科，如果不专心，也下不好。全国最牛的下棋高手弈秋收了两个徒弟，一个专心致志，处处听从老师的指导，另一个三心二意，时不时看看天上的飞鸟。到最后，第一个徒弟的下棋技术甩开了第二个徒弟的一条街。难道因为他们的智商不一样吗？其实是专心的程度不一样啊！”

想要成功，必先用功！一曝十寒，人生悲哀！

但齐王最终还是没有重用孟子。

孟子又跑到魏国，碰到了自我感觉良好的梁惠王。

梁惠王并不是梁国的君王，而是魏国的君王，魏文侯的孙子，即位的时候正值魏国的鼎盛时期。他将国都迁到大梁（位于今河南省开封市西北），所以又被称为梁惠王。迁都并没有给他带来好运，他在治国方面不及他的爷爷跟老爸。魏国经常被别的国家欺负，“东败于齐，西丧秦地七百余里，南辱于楚”，这让他产生了严重的焦虑。

他郁闷地对前来宣扬政治主张的孟子说道：“我对这个国家，真的很尽心尽力啊！河内地区遇到饥荒，我就下令让那里的老百姓迁移到河东去，并迅速调集粮食到河内；如果河东遇到饥荒，我也是这样做的。你看看邻国的那些君王，有哪个像我这么用心？可是，为什么我的国家从来没有涌进来大量的移民？是我的魅力不够吗？难道他们不想跟随我这样的明君吗？”

真是好搞笑，世界上还有如此自恋的人！看来用自主探究法教学的效果不好，那就采用质疑激趣法，引发他的联想和想象。孟子说道：“大王，我给您举个例子吧！战鼓一响，两军交战，战败的人肯定会丢盔弃甲逃跑。有的人逃了一百步停下来，有的人逃了五十步停下来，如果跑了五十步的人嘲笑跑了一百步的人胆小懦弱，您觉得怎么样呢？”

孟子这是在讽刺梁惠王自我感觉良好，他也不过是五十步人群中的一分子而已。

战国时期，人才们地位都比较高，能跟各国的君王谈天论地，因为君王们都想吸引优秀的人才到本国来。没有大量的人才帮忙，国家很可能就会被其他国家灭掉，君王的小命都保不住，哪还会在意什么上下尊卑、君臣礼节？所以大部分君王都会放下身段，摆出虚心求教状，倾听各种主张、批评甚至讽刺。

梁惠王使劲摇摇头："当然不行了，同样是逃跑的人，五十步跟一百步有什么区别呢？"

孟子看了看梁惠王，说道："既然您懂得这个道理，那就不要指望自己的百姓比邻国的多了。您只要不耽误农时，粮食就会吃不完；只要不过度捕捞，鱼肉就会吃不完；只要不过度砍伐，木材就会用不完。粮食、水产吃不完，木材用不完，您还担心百姓不愿意跟着您吗？还用担心人口不会多吗？

"想要成为真正的王者，就不能因为心血来潮而瞎指挥，大搞形象工程。给百姓们充足的自由和时间，他们肯定会觉得世间还是您最厉害！

"让百姓安心种植桑树，大家就能穿上丝绸；让百姓安心养殖鸡鸭，众人就能品尝美味；让百姓安心耕种，我们就能摆脱饥荒。等到百姓们吃饱穿暖以后，您再兴办学校，加强教育，反复宣传尊老爱幼的各种美德，让百姓们知道什么该做，什么不该做。官府不扰百姓，百姓安心生产，哪里还有不能统一天下的道理呢？

"但是，您看看您管理的国家，富贵人家铺张浪费，您不惩罚；贫穷人家嗷嗷待哺，您不救济。竟然大言不惭地说：'这不是我的罪过，而是天公不作美，年成不好嘛！'"

为了让智商时不时掉链子的梁惠王听得更明白，孟子又打了个比方："您这种说法，就好比有人用刀子捅死了人，却一脸无辜地说：'这不能怪我，只能怪刀子太锋利了，我也不知道它为什么滑进别人的身体里去了。'"

孟子想说的是，如果能大胆承认自己的失误，认真地加以改正，显示出帝王该有的本色和气魄，那才是最帅的！老百姓们肯定被您的魅力吸引过来。

梁惠王如梦初醒，赶紧谦虚地说道："您说得对，我静听您的指教！"

孺子可教！孟子又开始用打比方的方式对梁惠王进行启发式教育。

"用棍棒和刀子杀死人，有什么区别吗？"

"没有什么区别！"

"如果不努力治理国家，导致百姓因饥寒而死，和亲手拿刀子残杀百姓，有什么区别吗？"

"也没有什么区别。"

"厨房里有肥美的肉，栅栏里有健壮的马，而百姓面黄肌瘦，饿殍遍地。马都能吃饱，老百姓却饿死，您这好比带着马一起吃人，让马活下去，而让百姓死光。现在的人啊，看到野兽相互撕咬、吃掉对方，就会发出感叹，太残暴了！身为父母官，管理地方，却让老百姓吃不饱、穿不暖，饿死一大片，难道就不残暴吗？"

孟子卖力地劝说，惠王拼命地点头，嗯，不错，不错！但梁惠王头点得如同小鸡啄米，事干得犹如老驴拉磨。

唉，看来梁惠王只是闲得慌，想找个人唠嗑而已，走吧，懒得跟他说了！

孟子到处"兜售"他的主张，喝彩的人有，拍手的人有，就是没有"购买"的人。他和孔子一样，道理讲得很深刻，但措施说得很空泛。大家都知道仁政好，但是该如何有效地贯彻落实呢？谁不知道让百姓吃饱穿暖好，可一切都需要钱啊！怎么快速强大起来，怎样快速搞到钱财和土地才是当务之急。战乱年代，不是你死就是我亡，各国朝不保夕，最缺的就是时间。君王们想要立竿见影、上手容易的变法措施。

而且，每次面对那些不听劝的君王，孟子都毫不客气地指出对方的缺点，甚至责备对方“顾左右而言他”，不好好听我讲课，要干什么？画重点圈要点啊！而且他还提出了“民为贵，社稷次之，君为轻”的主张。君王们，别把自己看得多重要，如果要按顺序站队，最后才能轮到你们！

君王们心里不高兴了，什么，最后才轮到我们？有没有搞错！

因此，孟子的主张很难被君王们接受。

孔子和孟子创立并完善的儒家好比一个产品质量过硬的羽绒服厂家，他们拼命推销自己的羽绒服：“看一看，瞅一瞅，我们的衣服款式新潮、质量上乘、价格公道，买一件吧？”结果消费者们来了一句：“大哥，你这衣服的确很好，可我们这里是热带地区，谁穿你的羽绒服啊？”

四处碰壁的孟子最后回到了邹国，学起孔子，一边开设辅导班，一边安静写文章，完成了《孟子》一书。到了北宋神宗时期，《孟子》被列入科举考试必考书目。到了南宋，朱熹又把《孟子》与《论语》《大学》《中庸》合为“四书”，地位在“五经”之上，成为文人们的必修课本。孟子也因此被尊称为“亚圣”，成为继孔子之后的另外一个圣人。他们生产的“羽绒服”仿佛遇到了“冰河世纪”，供不应求。

九泉之下，他可以安息矣！

孔子的学生中，也有不赞成他的主张的，有的甚至跟他对着干，拉出队伍自己创业，生产出与儒家完全不一样的产品，其中最为突出的就是墨子。

《公输》《兼爱》《非攻》
——人人生而平等，爱他人等于爱自己

“哇，这种运输车真的好省力，推着它运土运石头，一点都不累!”

“太神奇了，这种木头鸟竟然能飞?”

“老师，还有你不会的吗?”

一群底层劳动者将羡慕崇拜的目光投向了一个穿着草鞋、戴着草帽但目光如电、气质出众的大叔。他不仅口才一流，手工也一流，善于打造各种机械、兵器，做过省时省力的工程运输车和能够飞行的木鸟。这位大叔不但能帮助别人防守地上的城池，还能帮忙构筑地下的工事，“运动战”“地道战”“对抗战”“防御战”，样样精通!

他就是墨家的掌门人——墨子。他正在给弟子们演示如何使用刚刚做好的一整套守城器械，准备让弟子们带着器械去支援危在旦夕的宋国，而他自己将要单枪匹马去楚国见一个人——公输盘（即鲁班）。听说木工大师公输老兄为楚国造了很多精巧的云梯，将在攻打宋国的时候派上用场。墨子愤怒了，现在木工也这么“内卷”吗?还兼职干起了杀人的勾当。待我前去会会他!

穿着草鞋，甩开膀子，走了十天十夜，墨子来到楚国的京城——郢都（今湖北省荆州市）。见到公输盘，他并未立马指责，而是先拉起了家常。

“啊呀，原来是大名鼎鼎的墨翟，听说你也是木工高手，你过来有什么指教吗?”

“高手不敢当，我今天来是想请您帮我杀一个人，一个欺负我的北方人!”

“我是木工，又不是杀手！”公输盘很不高兴，这个墨子有点呆！

“我给您十两黄金怎么样？”

“笑话！我是守法公民，从来不无故杀人，你找错人了。”

见公输盘已经主动跳入了自己挖的坑中，墨子开始责备道：“听说你帮楚国制造云梯来攻打宋国，难道楚国的土地还不够多吗？难道宋国欺负你们了吗？你说自己守法律讲道义，不愿帮我杀一个人，为什么还要帮楚王杀死很多人呢？”

公输盘听罢，冷汗直冒，哑口无言，墨子果然名不虚传。

“我帮你引见楚王吧，打仗的事情我也决定不了。”

墨子见到楚王，并未马上说明来意，而是举了个例子，挖了个坑。

“大王啊，我认识一个富人，不坐自家豪华专车，却去偷邻居家的破旧二手车；不穿自家的高档衣服，却去抢邻居家的粗布麻衣；不吃自家的山珍海味，却去蹭邻居家的粗茶淡饭。你觉得他是怎样一个人呢？”

楚王哈哈一笑，说：“这个人肯定脑子进水了。”

墨子也笑了，继续说：“大王，您的楚国方圆五千里，宋国只有五百里；楚国到处是珍奇野兽，宋国找只野鸡都费劲；楚国遍地是名贵木材，宋国砍个柴都困难。现在去抢劫宋国的您，跟我认识的那个富人有什么区别吗？”

楚王懵了，我的脑子竟然“进水”了？但他不服气：“你说得很好，但是，公输盘已经造好了先进的云梯，分分钟就能拿下宋国。即便宋国没我们富裕，拥有总比没有好吧？鸡肋也有肉啊，饿的时候也可以饱餐一顿！”

唉，看来对付“暴徒”还得使用暴力，该展现真正的技术了！墨子用衣带当城墙，用木片当守城器械。

来，公输盘，尽管出招吧！

两人在楚王面前展开桌上攻守演习。

看大招！

接得住！

再放大招！

挡回去！

公输盘没招了，但墨子还有很多招。

公输盘不服，我还有招，那就是直接干掉你！

“干掉一个我，还有千千万万个我！此时此刻，我的弟子们正带着先进的守城器械，在宋国严阵以待！”墨子道。

算你狠！楚王摇了摇头，叹息道：“好了，好了，我不去攻打宋国了！”

既有口才又有技术的墨子轻松平息了一场战争。他为什么要帮助宋国呢？他又是从哪里学到那么多知识与技术的呢？

相传墨子是宋国（也有说是鲁国）贵族目夷氏的后代，后来家族逐渐衰落。但在书籍缺乏的年代，有识字的祖先也算万幸，知识得以代代相传，从未断绝。少年时期的墨子做过牧童，学过木工，他制作守城器械的技术相当高超，能与鲁班试比高。在他的内心，始终有一个声音在呼唤：恢复家族曾经的辉煌。所以他并不满足于做一个工匠，而是穿着草鞋，迈开步子，到处拜访名师，学习治国之道。

听说孔子很有学问，广招学生，他就跟随孔子学习，研究尧舜禹的为政之道，阅读《诗》《书》等儒家典籍。学着学着，他逐渐发现老师的学说不合自己的口味，儒家看不上手艺人和农民，并认为天命不可违，仁爱有差别，希望建立严格的等级制度，维护少数人的利益。而且儒家干什么事都讲究仪式感，太烦琐做作了！

长期与工商业者、农民打交道的墨子越来越不认同这样的观点，人人生而平等，哪有什么高低贵贱之分？仁爱应该广泛施舍，干吗要分彼此？没有底层的劳动人民，你们这些少数人吃什么、穿什么？普通的劳动者哪有那么多闲暇时间和心情搞仪式感！

道不同不相为谋。墨子舍弃了儒学，创立了与之对立的学派，广收门徒，聚众讲学。“墨粉”渐多，形成了阵容庞大的墨家学派。他也是用小组讨论的教学方式，跟学生进行辩论，表明自己的主张。

看到众人纷纷称赞那些实力雄厚、吞并他国的君王，崇拜那些征战沙场、威风凛凛的将军，墨子采用了独特的教学模式——用设问和反问来阐述自己的观点。

一个人如果跑到别人家的果园里，偷走了桃子和李子，就会受到大家的责骂与唾弃，受到官员的逮捕与惩罚。

为什么呢？

因为他给别人造成了损失。

一个人如果偷了别人家的狗、猪、鸡等牲畜，又会受到比偷摘桃李更加严重的指责与惩罚。

为什么呢？

因为他给别人造成了更大的损失。

如果偷走别人家的牛和马，将会受到比偷鸡摸狗更严重的指责与惩罚。

为什么呢？

因为他造成的损失又大了。

如果他杀了人，抢了别人的东西，将会受到比牵走牛马更严重的指责和惩罚。

为什么呢？

因为他造成的损失更大了。

学生们纷纷流汗，一脸茫然。老师啊，您到底想说什么啊？

墨子点点头，别急，别急，课堂教学就要由浅入深。他继续说道："我们都明白这个普通的道理：给别人造成的损失越大，就越不道义，越要受到惩罚。可是，现在各个国家肆无忌惮地攻打别的国家，抢夺别人的财物，践踏别人的尊严，却没有受到谴责，反而得到称赞，这是什么道理？"

哦，哦！好像是这么个道理！学生们若有所思地点点头。

继续上课！墨子又采用独特的推理式教学方法。

"杀死一个人不道义，被判死罪；照这样推理，杀死十个人就是十倍的不道义，被判十次死罪；杀死一百个就是一百倍不道义，被判一百次死罪；杀一千个人呢？一万个呢？十万个呢？那些好战分子，肆意攻打别国，杀死的人何止千万，为什么没有人说他们不道义？为什么没有人判他们千万次死罪？为什么大家居然还频频为他们点赞？

"现在有些人，把黑色说成白色，大家一定会认为他们黑白不分；把苦涩说成甘甜，大家一定认为他们苦甜不分。犯了小错，都知道不对；犯了大错，反而觉得对。这是哪门子歪理？又是什么逻辑？道义和不道义难道就是这么随随便便定义的吗？"

这就是非攻。我们应该互相尊重，互不侵犯，和平共处，合作共赢。

墨子用层层推理的方法阐释自己的主张，从生活小事反向推到国家大事。对待小事，如同叫嚣的野狼；对待侵略，犹如沉默的羔羊，哪有这样的道理？

那该怎么实现非攻呢？知道为什么，还得明白怎么做啊！

再来一波推理式教学。

"医生看病，必须要找到身体生病的根源；圣人理政，必须要找到天下混乱的根源。为什么大家相互攻伐呢？为什么不讲道义呢？是因为人与人之间不相爱！想要非攻，必先兼爱。

“儿子不爱父亲，父亲不爱儿子；弟弟不爱兄长，兄长不爱弟弟；大臣不爱君王，君王不爱大臣。这不就是天下混乱的根源吗？

“如果小偷看待别人的家如同自己的家，还会有偷窃吗？如果强盗看待别人的身体如同自己的身体，还会有抢劫吗？如果看待别人的利益如同自己的利益，还会有陷害吗？如果看待别的国家如同自己的国家，还会有战争吗？”

墨子的辩论方式很特别，反问如同连环炮，轮番轰炸，层层推进；逻辑犹如狙击枪，精准打击，正中靶心。

如果天下的人能够放下仇恨，爱护他人，讲究道义，那么天下怎么可能治理不好？圣人要做的事情，就是想办法引导大家相亲相爱呀！

墨子主张人人生而平等，广泛地爱戴他人，但他忽略了经济基础决定上层建筑的实际，人在吃不饱穿不暖的情况下，怎么可能爱他人呢？人的本性是趋利的，仅凭空洞的说教，怎么能够唤起大众的博爱精神呢？只有制定科学的制度、严格的法律与推行后天的教育等，才能束缚人性恶的一面，激发人性善的一面。既要撒下糖，也得拿起棒！

战国时期，大国想着吞并小国，小国想着干掉小小国。人们每天都面对死亡的威胁，过了今天，不知道明天还能不能再相见。在这种情况下，怎么能握住别人的手说，我要好好爱你，至死不分离？

梦想很丰满，现实很骨感。墨子到各个国家陈述自己的主张，但始终没人接受。楚国国君见识过墨子的防御才干，再三邀请他留下来帮楚国制作武器、守卫城池，封地、爵位随他挑！

笑话，你当我是来打短工的吗？我要建立一个博爱、平等的理想国。如果不听从我的劝告，不推行我的主张，我要什么封地跟爵位？一双草鞋走四方，一双大手织梦想，走了！

这就是有个性的墨子。

在各家各派的创始人或继承人积极奔走于君王诸侯之间，渴望得到重用的时候，有一位大神却躲在角落里逍遥自在。热闹是大家的，我什么也没有！他就是庄子。

《逍遥游》《秋水》
——江山如此多娇，看我多么逍遥

宋国发生了腥风血雨的政变，宋康王赶走兄长，篡位成功，上台以后，残暴不仁。宋康王本身是个迷信武力的“肌肉男”，史书记载，他“面有神光，力能屈伸铁钩”。他武功高强，手如鹰爪，能征善战。他的性格及一生的经历可以用一个字形容——夺。

得不到的东西就去夺。

看到属下韩凭的老婆长得漂亮，夺！看到周边国家财富增长，夺！

出兵灭掉滕国，进攻薛国，打败楚国、魏国。钱袋子鼓起来了，内心开始膨胀了。为了玩出创意，他剖开驼背者的背，看看里面到底是什么；砍断过河人的腿，看看自己的命令管不管用。敢有进谏者，杀！一时间，百姓恐慌，诸侯震怒，难道商纣王穿越过来了吗？

这时，同样迷信武力的齐闵王不淡定了，我堂堂的齐国都不如此高调，你一个小小的宋国居然到处炫耀，这样下去，我还怎么做老大？这不是瓜分宋国最好的借口吗？于是，齐闵王联合楚、魏两国，打着“拯救世界、维护和平”的旗号断然入侵，处死宋康王，瓜分了宋国土地。

庄子生活在宋康王时期的宋国蒙城（今安徽省亳州市蒙城县），担任漆园吏，是管理漆树的小官。他天天目睹各个国家为了夺权而血流成河，为了争抢土地而针锋相对的情形。

有人成功游说宋康王以后，得到了很多赏赐，跑到庄子旁边炫耀："看一看，瞅一瞅，这是大王给的！"

庄子淡定地举了个例子。

"河边有一户贫穷的人家，靠着编织草席为生。一天，他的儿子潜入深潭，得到一个巨大的珍珠。但是他的父亲并不高兴，反而骂道：'你脑子被潭水淹了吗？这么大的珍珠，肯定是水底黑龙嘴里含的宝贝。你能采到，必定是因为它正在打瞌睡。一旦它醒了，你就死定了。你现在得到这么多赏赐，必定是因为大王一时迷糊，一旦他醒悟，肯定后悔，到时你就粉身碎骨了！'"

宋康王是什么人？是夺人妻、抢人地的主子，他真舍得给你这么多财宝？

面对别人的炫耀，庄子不为所动，有时还会讽刺调侃一下不知天高地厚的吹牛者。有个叫曹商的人代表宋国出使秦国，因为圆满完成了任务，不仅得到宋康王赏赐的几辆马车，还得到秦王赏的一百辆马车。他也跑到大名人庄子面前耀武扬威，讽刺道："住在简陋的房子里，卖力地编织草鞋，这是你所擅长的。这样的事情我曹商并不擅长，你知道我擅长什么吗？看到没，我见一次大王，分分钟搞定这么多车马，厉害吧？"

庄子毫不客气地怼回去："秦王得了痔疮请大夫，能挤破痔疮消除肿胀的人，赏车一乘。愿意用舌头舔痔疮止痒的人，赏车五乘。治疗方式越下贱，赏赐的马车越多，您得到这么多马车，干了什么，谁人不知？"

面对低俗的人，庄子用低俗的方式辩论；面对文雅的人，他就用文雅的方式辩论。

比庄子年长的惠子（惠施），很早就离开宋国到魏国打工，凭借自己的努力，成了魏国的宰相。庄子从漆园吏岗位上离职，来到魏国首都大梁游玩。没想到流言四起，左右的人对惠子说，庄子那么有名，肯定是来谋求魏国相位的。

惠子担心了，于是派人搜捕这位名气比自己大的老乡。庄子听了哈哈大笑，说道："南方有一种鸟，它的名字叫鹓雏，你知道吗？它从南海飞到北海去，路上不是高大的梧桐树它不栖息，不是竹子的果实它不吃，不是甘甜的泉水它不喝（意思是这种鸟根本看不上平凡的东西）。而地下有只猫头鹰捡到一只死老鼠，准备饱餐一顿，恰巧鹓雏从它头上飞过，猫头鹰以为对方是来抢食物的，就发出怒吼声：'快走开，别抢我的宝贝！'"

惠子老兄，你现在是用你嘴里的死老鼠（魏国相位）来吓唬我吗？别搞笑了，我根本不在意。

惠施被怼得哑口无言。

当年，楚王听说庄子贤能，便派人请他去做官。正在水边钓鱼的庄子头也不回，不屑地说道："我听说你们楚国有一只大神龟，死的时候已经三千岁了，大王用最好的匣子把它装好供奉在宗庙的堂上。你们觉得，这只神龟是喜欢留下一堆骨头被人摆在庙堂上朝拜呢，还是喜欢潇洒自由地在烂泥地里拖着尾巴爬行呢？"

"当然是喜欢活着肆无忌惮地爬行了，哪个会想死呢？"使者脱口而出。

庄子笑了笑："这不就结了？你们回去吧，我宁愿做一只自由自在拖着尾巴爬行在烂泥地里的神龟！"

这就是庄子，有个性的才子。

后来，魏惠王为了讨好秦国，重用张仪，惠施光荣"下岗"，失落地回到了家乡宋国。由于他主张罢兵搞发展，加上年纪又大，不对好战者宋康王的胃口，没有受到重用。闲着没事的他想到了庄子，要不找他玩玩？就这样，两个曾经相互看不惯的人竟然神奇地成了朋友，每天斗斗嘴、谈谈天。

有一天，两人在濠水的一座桥梁上散步，庄子看着水里游来游去的鱼，说道："这些鱼在水里自由自在，多么快乐啊！"

惠子不服气地说道："你又不是鱼，怎么知道鱼是快乐的呢？也许它很痛苦呢？"

对方的反驳激起了庄子的兴趣，他立刻反问道："你不是我，怎么知道我不清楚鱼的快乐呢？"

嘿，又来狡辩了！惠子继续说道："我不是你，自然不知道你的想法；你不是鱼，所以你也不知道鱼的想法。还需要狡辩吗？"

庄子不慌不忙，要嘴皮子，我就没输过。他说道："老兄，不要偏题，请回到我们开头的话题，当你说'你又不是鱼，怎么知道鱼是快乐的呢'这句话的时候，不就已经承认我知道鱼的快乐了吗？你只不过问我是从哪里知道的，而不是问我知不知道，你问的是地点。现在我明确地告诉你，我是在濠水河边上知道的！"

这明显是在玩文字游戏嘛，可他玩得毫无破绽！我的确问他是怎么知道的，从哪里知道的！嘿，这家伙，怕了你了！

惠子一脸无奈地看着咧开嘴巴笑的庄子。

做不惯漆园吏、看不惯统治者的庄子"裸辞"出走，游山玩水，走走停停。他并非带着目的去游说哪个君王，也不想着荣华富贵。没钱花了，就编织草鞋出售；肚子饿了，就到河边钓鱼；生活无聊了，就招收个把徒弟开班授课。

他和那些到处游说求官的人不一样，他极力反对专制统治，认为天外有天，人外有人，地球少了谁都照转，但总有那么些人自以为是，觉得自己天下第一。所以他的著作中经常会出现与自大者的对话和相关的故事，比如《秋水》中就有这样的故事。

秋天的洪水随着季节涨起来了，千百条小溪小流汇入黄河，河面瞬间宽阔浩瀚，水流顿时气势磅礴。河神扬扬自得：看，我的黄河多么壮观，到哪里去找这么美的风景？河神哼着小曲快乐奔涌，来到北海边，放眼望去，啊！大海啊，你怎么全是水，你的尽头在哪里？

一向自信满满的河神羞愧地对着海神叹息道："井底之蛙说的不就是我吗？如果不来到您这里，亲眼看到您的广阔无边，我不就成了那些不知天高地厚的小青蛙了吗？不就被那些学识渊博的人嘲笑了吗？"

海神点点头，说道："我们无法和井底的青蛙讨论大海的广阔，因为井口限制了它的眼界；我们不能和夏天的虫子讨论冬天的寒冷，因为季节限制了它的寿命；我们无法和粗俗浅陋的人讨论人世间的大道理，因为教养限制了他的见识。

"现在你见到大海，能够意识到自己的不足，知错就改，谦虚低调，孺子可教，孺子可教啊！看来我们的认识已经在同一水平线上，可以讨论人世间的大道理了：海水不因为季节的变化而有所增减，也不因为自然灾害而受到影响，大海的容量远远超过了长江与黄河。但是我从未因此而得意，因为在无边无际的天空下，我又算得了什么呢？我犹如河里的一粒小沙子，粮仓里的一颗小米粒，又有什么值得炫耀的呢？

"植物生长的地方，车船通达的地方，都有人类的身影，而每个人只不过是其中之一，犹如马的一根毫毛，又有什么值得自夸的呢？各国君王你争我夺，仁人志士你说我辩，无非是想显示自己的优越感。很多人夸夸其谈，吹牛摆谱，感觉世间就他最好，这不正像你先前因看到黄河广阔而自满一样吗？"

相对于广阔无垠的天地，永恒不变的自然，我们每个人又是多么渺小！千年之前的庄子早已悟透了世界与人生的道理，所以他想追求更高的境界，时不时把自己想象成展翅高飞的大鸟，逍遥自在地遨游，懒得为那些蝇营狗苟之人烦神！

因此，他又写下了《逍遥游》。北方的大海里有一条鱼，名字叫作鲲，身体有几千里长。飞上天空变成鸟以后，叫作鹏，它的脊背也有几千里长。它想要飞得很高，飞得很远，翅膀卷起风暴，扶摇直上九万里，飞往南海不停息。那些蝉和小斑鸠讥笑道，看看我们，在树枝间飞来飞去，多快活，干吗要费劲飞那么远呢？也许你一直在飞，一直在找，却始终无法找到南海。

鹏笑而不语，你们这些孩子懂什么？追逐眼前利益的人，怎么能够理解拥有远大抱负的人呢？我们无法跟盲人描绘物品的花纹与色彩，无法跟聋人探讨音乐的悠扬与婉转。不要在意世人的眼光与嘲笑，活出快乐和逍遥！吸着清风甘露，乘着彩虹云朵，遨游于天地之间。

这样的观点很庄子！话说得像雾像雨又像风，放着浪漫在心中，所以惠子总觉得庄子的主张不切实际，毫无用处。

积极谋求功名利禄的惠子始终不明白庄子的淡定，尤其对庄子“人皆知有用之用，而莫知无用之用也”的观点嗤之以鼻。大道理说得一套一套的，哼，今天我一定要打击打击你。于是他先挖了个大坑，说道：“魏王送给我大葫芦的种子，我种下以后，长出了很大的葫芦。用来盛水吧，质地太脆，容易断裂；切开当盒子吧，又大又不平，放不了东西。我倒不是嫌它太大，而是觉得它没用，就把它砸掉了。”

没用的东西就是要丢弃，看你怎么接话。

庄子不慌不忙道：“老惠，你真不善于使用工具啊！我给你说个故事。宋国有个善于制作预防手冻伤的药的人，他们家世世代代以给人漂洗丝絮（织布的一道工序）为业。有个商人听说了他善于制药的事，拿了很多钱去购买他家祖传的药方。那个宋国人立刻召开家庭会议：‘我们世代漂洗丝絮，辛辛苦苦一年，也赚不到几个钱，

现在一个小药方就可以让我们全家吃饱穿暖，要不要卖？’

“‘卖！’大家异口同声。

“当时正处寒冬腊月，手脚容易冻伤。吴国人正要与越国人开战，得到药方的商人前去游说吴王：走过路过，千万不要错过，这么好的药方到哪里找去？结果，使用药方的吴国人手脚麻利，打败了越国人。吴王很开心，赏赐很丰厚，土地、爵位、钱财随他要！

“同样的药方，会用的人就能借此获得奖赏。你说大葫芦没用，那是你不会充分利用。你拿它当小船，不就可以逍遥于江湖之中了吗？你啊，智商不在线，见识在表面！”

惠子气得脸都绿了，不服，就不服！他又举例辩解：“我家门前有一棵大树，名叫臭椿，树干上长了很多瘤，弯弯曲曲，丑陋不堪，根本无法做成家具。长在路边，行人懒得瞧，木匠懒得用。你一天到晚地长篇大论，虚无缥缈，就像臭椿。”

庄子眼睛滴溜一转，又想出个例子，说道：“你难道没见过野猫和黄鼠狼吗？它们经常躲在暗处，捕捉来往的小动物。但是当它们上蹿下跳的时候，猎人早已布下机关，等待它们落入陷阱。可是，你看体积巨大的犛牛，它虽然不能捕捉老鼠，却也无人逮捕它。大有大的好处！

“说你智商掉链子，你还不高兴！你为什么不把臭椿种到广阔无边的原野上去呢？让它肆意生长，越长越大，越长越高。来往的路人可以自由自在地躺在树下休息，也没人砍伐伤害它。即便没什么用处，也同样没有危险啊！

“没有用处，又如何？每个人和事物都有自己的作用，看起来没用，反而能够远离凡尘与危险，这样不好吗？”

想通了世间万物规律的庄子对一切都看得很开。他的妻子死了以后，前来吊丧的惠施原本想安慰安慰老朋友，却看到惊世骇俗的一幕——庄子竟然敲着脸盆唱着歌：“老婆啊，老婆，恭喜你去了美丽新世界。”

这家伙是疯了吗？老婆死了，至于这么高兴吗？还弄个新式打击乐器唱赞歌。注意下自己的形象啊，老庄！

庄子振振有词地说道：“人本来就是由阴阳之气交融而成的胚胎，经过短暂的一生，最后又变成阴阳之气，飘散而去。现在我的妻子不过是从我的小家庭里迁往大自然中，又有什么好悲伤的呢？”

哎哟喂，这家伙又要上心灵鸡汤课了，真是活见鬼！惠子赶紧放下帛金，直接开溜。

其实庄子的说法用现代科学来解释，就是精子与卵子结合，便有了人。活了一辈子以后，又腐烂到土地里，变成了细胞。从细胞中来，又到细胞中去，何必悲伤呢？所以等到他快要去世的时候，看到徒弟们为他准备了很多陪葬品，他摆摆手，说道：“我以天地为棺材，以星星为珍珠，一切事物都是我的陪葬品。就把我的尸体摆在外面，给小动物们饱餐一顿，又有什么不好呢？”

面对名利，道家淡然如水，而另一学派则赤裸直白。他们开设的课程在春秋战国时期最热门，一旦精通，官运亨通。创始人名叫鬼谷子，《史记·苏秦列传》有明确记载：“苏秦者，东周洛阳人也。东事师于齐，而习之于鬼谷先生。”《史记·张仪列传》也有记载：“张仪者，魏人也。始尝与苏秦俱事鬼谷先生，学术，苏秦自以不及张仪。”

因为他的学生们（孙膑、庞涓、苏秦、张仪、商鞅等）太过耀眼，所以他被人传成了鬼神。有一点可以肯定的是，鬼谷子绝对精通百家学问，熟知人性心理，上知天文，下知地理，明白野心，摸透私心，是一部行走的百科全书。在文盲遍地的年代，这样的人很容易被人视作神仙或者鬼怪。

他结合所学知识，创立了一门战国时期最实用的“忽悠”学科——合纵连横术。合纵就是弱国联合起来反击强国，即几个小弟联合起来干掉老大。连横就是强国联合一两个弱国欺负另外的弱国，即老大带着一帮友邻“帮派”干掉其他“帮派”的老大，最后自己一统天下。

纵横家们最厉害的工具就是嘴巴，最基本的技能就是“忽悠”。用一张利嘴挑拨离间，翻云覆雨，上演精彩纷呈的外交风云。在“忽悠”各国君王之前，策士们必须认真准备演讲词，提前模拟演练，而等到正式“忽悠”时，又会发生各种意想不到的事。这些演讲词和事被编进一部奇书——《战国策》中。

◆参考资料：

1. 吴志友：《孔子生平思想述略》，《孔庙国子监论丛》，2013年年刊，第139—148页。

2. 孙以楷：《墨子生平考述》，《唐都学刊》，2001年第4期，第56—59页。

3. 黄震云：《庄子的里籍与生平事迹辩证》，《辽东学院学报(社会科学版)》，2021年第2期，第118—124页。

4. 张远山：《战国大势与庄子生平》，《书屋》，2006年第10期，第4—11页。

5. 司马迁：《史记》(传世经典文白对照·全5册)，中华书局，2019年12月第1版。

6. 李学功：《洙泗之学与西河之学——孔子殁后的儒家道路》，《齐鲁学刊》，1991年第4期，第81—86页。

7. 中华书局编辑部：《名家精译古文观止》，中华书局，1993年2月第1版。

《战国策》——一部奇书里的有趣故事

现在大多数人把《战国策》的编订者看成是刘向，但也有一些学者认为它是多人作品的合集，刘向只是在此基础上做过校订而已。还有资料含混地将《战国策》说成是刘向写的，比如《旧唐书·经籍志》和《新唐书·艺文志》都将《战国策》的作者认定为刘向。历代学者对《战国策》的原始作者争论不已，主要有两种看法：一是其原始作者为秦末汉初奇人蒯通，二是其原始作者为包括蒯通在内的多人。清朝学者牟庭的《战国策考》与解放初期学者罗根泽的《战国策作于蒯通考》都认为《战国策》是蒯通个人所写，现代学者大多认为《战国策》是蒯通等多人所写，最后由刘向统一汇总整理。我个人比较赞同多人撰写的说法。

在这些人中，肯定有当时纵横四海的策士们。他们在劝说君王之前，需要反复揣摩对方的性格与想法，分析天下的形势与走向，然后反复修改自己的演讲词。他们的演讲词被当时和后来的人收集起来，由西汉人刘向整理编订，取名《战国策》。

在这本奇特的书籍中，有些事件与故事未必是真实的，但这本书塑造讲述了很多非常有个性的奇人异事，比如荆轲刺秦王。

荆轲在好友高渐离的击筑伴奏下，唱着“风萧萧兮易水寒，壮士一去兮不复还”，大义凛然地走上了必死之路，令人热血沸腾！他在咸阳宫中献上地图，掏出匕首追杀秦王，最后壮烈牺牲，令人惋惜不已。

除了荆轲，《战国策》里还有一个很特别的刺客。

春秋末期，晋国赵襄子极为痛恨晋国大臣智伯，联合盟友杀死了他，还将他的头颅做成喝酒的杯子。晋国有个人名叫豫让，原先在别人的手下工作，始终不被重视，默默无闻。后来投奔到智伯门下，被智伯赏识重用，工资待遇快速提高，生活水平稳步提升。得知智伯被杀的消息，豫让伤心欲绝，发誓一定要除掉赵襄子，并开始实施暗杀计划！

他改名换姓，想尽办法混进了赵襄子府里，成了维护厕所日常运营的低等下人。他身上随时带着短刀，准备在赵襄子上厕所的时候，一刀将他杀死在粪坑里。

自从杀了智伯之后，做贼心虚的赵襄子非常警觉。上厕所之前，总感到有一双仇恨的眼睛注视着自己。他心里发毛，这个低等下人想干什么？于是他派人暗中抓住豫让，搜出了豫让身上的短刀。

“打扫粪坑需要用刀子吗？说吧，你是谁？”赵襄子问道。

豫让也不隐瞒：“我行不改名，坐不改姓。我叫豫让，是来给恩公智伯报仇的。要杀便杀，绝不求饶。”

手下正准备一刀剁了豫让，被赵襄子拦住了，他说道：“这世道，讲义气的人不多了，放了他！”

第一次暗杀计划失败。

豫让不甘心，不报此仇誓不为人！可是赵襄子跟手下人都认识他了，怎么办？

伪装！

为了伪装得更逼真，他弄来很多颜料涂在脸上，穿上破衣服，照照镜子，效果不错。智伯大人，这次我一定为您报仇！

等等，声音怎么办？赵襄子肯定听得出来。一不做二不休，杀手就要对自己狠一点！豫让直接吞下一枚烧红的木炭，嗓音瞬间变得嘶哑，从此以后，他的声音的确变了！（成语“漆身吞炭”便是这么来的，指故意变形改音，使人不能认出自己，后来比喻舍身酬报知己或雪耻复仇，出自《战国策·赵策一》。）

豫让为了替主人报仇，对自己动用酷刑，不得不服！

他的好朋友看不下去了，劝道：“你这又是何苦呢？你可以装作崇拜赵襄子，转投到他的门下工作，骗取他的信任后再报仇嘛！”

豫让摇了摇头，说道：“做了别人的臣子，心里却想着杀他，这并非忠义之人干的事。我就是要用我的行动与牺牲来让那些怀有二心、不忠不义的人感到羞愧！”

有些人可能认为豫让十分愚蠢，太没有生存智慧了。智伯都已经死了，为何不在赵襄子手下工作呢？也能吃香的喝辣的啊！如果真的按这种逻辑来说的话，一旦别国入侵，叛徒的数量势必会大幅增加。

豫让乔装打扮，开始了他的第二次暗杀行动。

他埋伏在赵襄子每天必经的一座桥下，没想到惊动了赵襄子的马。不好，有刺客！侍卫们立即将主人围成一圈。赵襄子却不慌张，直觉告诉他，豫让来了！除了他，谁会如此执着，如此不要命？

单枪匹马，怕啥？

侍卫们果然从桥底下拉出了一个人，咦，怎么不像豫让啊？眼前这个人披头散发，满脸是包，声音嘶哑，可赵襄子一眼便认出是豫让，他叹了一口气。

“唉，你这又是何苦，智伯真的有那么大的魅力吗？我已经放过你一次，算是你的恩人了吧？你却依然要杀我。这一次，你自己看着办吧！”

已经被侍卫们团团围住的豫让无可奈何，仰天长叹。罢了，罢了，我已经尽力了，主人，我对不起你啊！

临刑之前，他恳求赵襄子：“能否请您脱下衣服，让我砍衣服几刀，否则，我没脸去见智伯。”

唉，勇气可嘉，忠心可表！赵襄子答应了，脱下衣服。

豫让砍完衣服，大喊一声“大人，我来陪您了”，便挥剑自杀，留下了目瞪口呆的众人。

千里马常有，而伯乐不常有。在茫茫人海中，能遇到赏识自己的人太难了，伯乐们也应该受到人们的尊重与敬佩。因为，一个人吹嘘自己能力出众很容易，能够发现他人的长处并给其展示才能的机会实属难得。如果遇到慧眼识珠的伯乐，你就跟了吧！

除了为主人报仇的英雄，还有那些为主人排忧解难的门客。主人给钱给待遇给尊重，门客们自然愿意挺身而出，甚至牺牲自我。下面就讲一个不怕死的人的故事。

战国时期，实力弱小的国家经常沦为大国们待宰的羔羊。此时，安陵国国君正在被秦王派来的使者侮辱。

“我们大王想要用方圆五百里的土地交换安陵国，还请安陵君务必答应啊！”使者嚣张地高昂着头，把吞并别人的国家说得如同喝一碗稀饭那么轻松自如。

我整个国家都没有五百里地，你当我是傻子吗？再说了，你说话就算数吗？唉，那又能怎样呢？砍他、训他，都不能，谁让他是秦王的人呢！

安陵君压制住火气，说道：“大王看得起我们，赏赐恩惠，用大片土地交换我们的小国家，我很感激。但是，我从祖宗们手里接手了国家，希望一辈子守卫它，实在不敢交换啊！”

“买卖”没做成，秦王不高兴，后果很严重。安陵君只好派智勇双全的唐雎出使秦国。

小国家哪有发言权？此番前去，稍有差池，身死国灭。大家都为唐雎捏把汗。

秦王一上来就气势汹汹地训道：“我特意做一次赔本的买卖，安陵君竟然不干，你们想干什么？我已经灭掉了韩国、魏国，却让你们幸存下来，知道这是为什么吗？还不是看你们安陵君老实忠厚，所以我不想动刀动枪。现在我用十倍的土地换你们一个小国家，竟然被拒绝，这不是看不起我吗？”

秦国也会做亏本的买卖？你开个空头支票，我们就把国家拱手相让？笑话！你觉得国土能作为商品买卖吗？我出钱买秦国，你干不干？

唐雎压住内心的火气，镇定地回答：“不，不是像您说的那样。安陵君从先王那里接受了封地，即便是方圆千里的土地也不敢交换啊，不然怎么对得起先王？何况仅仅是五百里的土地！”

还讽刺我给的少了。老虎不发威，当我是病猫吗？秦王勃然大怒：“你知道王者发怒的后果吗？”

唐雎并不害怕，淡淡地回答：“不知道啊！”

秦王继续说道：“王者发怒，瞬间就会伏尸百万，血流千里。”分分钟灭了你这小小的安陵国。

唐雎针锋相对：“大王听说过平民百姓发怒吗？”

“老百姓发怒又能怎样？不过是摘掉帽子跺着脚，哭天喊地罢了，还能怎样？”秦王轻蔑地哼了一声，我手握百万大军，要谁今天死，谁就看不到明天早上的太阳！

目光坚定的唐雎摸了摸身边的宝剑，慷慨陈词："您说的那是无能者的愤怒，不是勇敢者的愤怒。从前专诸刺杀吴王僚的时候，彗星扫过月亮；聂政刺杀韩傀的时候，白光直冲太阳；要离刺杀庆忌的时候，苍鹰扑向宫殿。英雄杀人，上天帮忙。专诸、聂政、要离三人，心中的愤怒还没有发出，上天就降下征兆，再加上即将赴死的我，就是四人了。不知道今天会出现什么征兆？我们一旦愤怒，虽然只会倒下两具尸体，血流五步，但天下百姓都将会穿上孝服，因为死的是他们的大王。要不您试试？"

还真有不怕死的人，他这是要拼命的节奏啊！有种，有胆，有识！就服你！

秦王立马赔着笑脸道歉："先生请坐，请坐！刚才只不过是开个玩笑，调节调节紧张的气氛，何必搞到这种地步呢？唉，我现在终于明白了，韩国、魏国都灭亡了，而小小的安陵国却安然无恙，是因为有先生这样的人啊！"

春秋战国时期，小国在夹缝中生存得很压抑，时不时被大国"骚扰"，危难之际，更显人才的重要。除了唐雎，还有个为了国家挺身而出的老人，凭着一张嘴完成了不可能完成的任务。

战国时期，赵王年幼，赵太后辅政。秦国看赵国只剩下孤儿寡母，想趁火打劫。赵国很无奈，只能向当时的大国齐国求救。齐国答应了，但是赵国必须出点血，万一你使诈，联合秦国灭齐怎么办？于是齐王提出，必须让赵太后最小的儿子长安君到齐国当人质。老太太特别疼爱最小的儿子，死活不答应。大臣们着急啊，纷纷来劝，怎么能为了一个孩子而损失整个国家的利益呢？

结果，前来劝说的大臣们都被赵太后骂了个狗血淋头。老太太放出狠话："谁再说让长安君去做人质，我一定会吐他一脸口水。"

太后为了儿子，尊严都不要了！

眼看秦国就要打过来，有个叫触龙的大臣着急了，无论如何，他也得去碰碰这个硬茬子。

赵太后得知触龙要来当说客，准备兑现自己的诺言，让触龙试试她的"无敌风火大口水"！"太后盛气而揖之"，她摆出一副盛气凌人的样子，准备来一场惊天动地的大骂，断绝所有大臣的幻想。

触龙不慌不忙，胸有成竹。他迈着特有的小碎步，装出腿脚不方便的样子，非常恭敬地向赵太后说道："我的脚有点毛病，跑不动，很久没来向您请教问题了。我总是担心您的身体有什么不舒服，所以特来看望您。"

嘿，难道他不是来当说客的？赵太后感觉心里暖暖的，说道："我老了，不中用了，全靠坐车走动。"

触龙又很关心地问道："您每天吃的东西不会减少吧，胃口怎么样呢？"

赵太后摇摇头，说："喝点稀饭罢了。"

触龙不紧不慢地侃起养生话题："我现在也特别不想吃东西，只好逼着自己走走路、散散步。每天走上三四里路以后，就会感觉想吃东西了，身体也会舒服些。"

赵太后的怒气消掉一些，继续跟触龙探讨养生："我哪里像你那么空闲啊，没时间锻炼呢！"

触龙很快由养生扯到另外一个话题，连连叹气道："我现在身体不行了，有一件事情始终放心不下。我那小儿子啊，没什么出息，干啥啥不行，吃啥啥不剩，总不能让他在家里躺着不干事吧？我希望能给他谋个卫士的差事，以保卫皇宫与太后，还请您批准！"

長安君
觸龍
趙太后

赵太后看着为儿子未来焦虑不安的触龙，心里喜滋滋的，没想到这老家伙还是个大暖男，我以为只有女人才会关心儿子呢！她高兴地说道："不就是个保镖的差事嘛，好说，小儿子多大了？"

触龙故意提高嗓门说道："都十五岁了，希望趁我还没死的时候把他托付给您，请您帮我培养培养、历练历练他。"

赵太后微笑着点点头，然后问道："你们男人也疼小儿子？"

对方上钩了，触龙故作惊讶地说："当然了，比女人们还要厉害呢！"

赵太后摇摇头："瞎说，小儿子就是我们女人的心头肉，你们男人懂什么？"

机会来了，赶紧抓住，否则稍纵即逝。触龙立刻转到主要话题，一步步诱导赵太后："臣私下认为，您疼爱女儿燕后的程度远远超过了疼爱小儿子长安君呢！"

触龙的话成功地勾起了赵太后的斗志，她立马不服气地说："你老糊涂了吧？大家都看得出来，我最疼爱小儿子长安君。"

该出手了，触龙说："父母疼爱孩子，就得为他们的长远利益考虑。您当年送女儿燕后出嫁到远方的时候，拉着她的手不停地哭，这是伤心她嫁到很远的地方啊！但是出嫁以后，您却总是说，千万不要被赶回来啊，那样就会断送了前程。难道您不想念她吗？您这是真爱，是为她的长远考虑啊，希望她生育子孙，后代代代做国君。地位稳了，生活也就幸福了。"

赵太后若有所思地点点头，说："嗯，你说得对，哪个父母不希望子女以后过得好呢？"

好了，老太太自己跑到我的话题上来了，该是进入正题的时候了。触龙说道："那些曾经地位显赫的王侯将相的子孙们，还有几个能使家族持续荣耀的？"

赵太后算了算，说道："好像没有！"很多家族传了几代，就因为子孙不肖而家道中落。富不过三代，的确很有道理啊！

触龙立即端上一碗早就熬好的"营养鸡汤"："那些地位显赫的人，祸患来得早的就降临到自己头上；祸患来得晚的，就降临到子孙们的头上。难道国君的子孙一定都是败家子吗？非也，非也！主要是因为他们地位高高在上却毫无功劳，待遇丰厚却没有政绩，占有财宝却没有能力。现在您把长安君的地位抬得很高，又赏赐给他肥沃的土地和稀有的珍宝，如果不让他多多为国家立功，不让他在那帮如狼似虎的王公贵族们面前站稳脚跟，以后他凭什么服众呢？收服不了大臣与王公，他的地位甚至生命都会受到威胁啊！所以，我觉得您对长安君不是真爱，而是溺爱！"

爱他不该只有抱抱他，更要敲敲他！

赵太后一听，好家伙，你的话绕了山路十八弯，还是回到最初的起点，劝我派长安君做人质啊！可她转念一想，这老家伙说得还挺有道理，如果不让长安君建立点功业，将来哪个人会服他呢？年轻人不经历点风雨，又怎么能看见彩虹呢？

老太太终于松口了："好吧，好吧，任凭你安排他吧！"

触龙笑了。

赵国为长安君准备了一百辆车子，送他到齐国做人质，齐国果然出兵来帮忙。一场灭顶之灾就这样被一个老人轻松化解了，不得不佩服触龙的智慧与口才。如果要劝服盛气凌人的人，先不要去硬碰硬，聊点闲事，然后再站在对方的角度，为对方的利益考虑，顺便解决自己的问题，这就是双赢！

如果触龙像其他大臣一样，在赵太后面前喋喋不休，讲大道理，猛灌"鸡汤"，强行要求一个女人为了国家放弃自己最疼爱的儿子，不仅会被喷得一脸口水，还有可能老命不保。

说服别人，需要技巧。如何说别人才会听呢？《战国策》里的策士们给出了最好的答案：用通俗有趣的故事来吸引别人的注意。

当年，楚国大将昭阳率领楚军攻打魏国，势如破竹，连克城池。干掉一个国家不过瘾，又调转枪头，杀向齐国。

齐王派出陈轸前去劝说昭阳撤兵。但怎么说对方才会听？

昭阳同志，你这样是不对的，怎么能侵略别的国家呢？怎么能不讲道义呢？怎么能贪得无厌呢？如果这样说，对方没撤，你的脑袋就先被撤了。

陈轸先捧一捧昭阳："将军好厉害啊，接连攻下多个城池，威风八面，震慑四方，祝贺，祝贺！"

"嗯，请坐！"昭阳乃万人之上的大将军，拍马屁的人太多了，无法打动他。

陈轸故作好奇地问道："按照楚国的规定，灭敌杀将的人能封个什么官呢？"

"上柱国。"

"哦，还有比这更尊贵的吗？"

"那只有令尹（楚国在春秋战国时代的最高官衔，相当于宰相）了！"昭阳有点不耐烦，这家伙想说什么，大老远跑来就是问这些无聊问题的吗？

"哦，哦！楚王不太可能设两个令尹吧？"切入正题之前，陈轸先说个小故事，缓解下紧张的气氛，"我给您讲个笑话，可以吗？你们楚国有个贵族在举行祭祀祖先的仪式之后，想把剩下的一壶美酒赏给门客。可是门客太多，美酒太少，大家商量道：'我们搞个比赛如何？谁赢了就谁喝！'

"'哦？有意思！比什么呢？'

“‘比画画。我们各自在地上画一条蛇，哪个最先完成，哪个就能喝酒！’

“这个主意好，公平公正又有趣！

“随即，比赛开始。不一会儿，有个门客就完成了，看着大家都没画好，他有点高处不胜寒的得意：这些人技术也太差了吧！就算我给蛇加上四只脚，估计他们也画不完。对，让他们看看高手的厉害！

“还没等他把四只脚画完，另一个门客的蛇也画好了。看到第一个人画的蛇，他直接夺过美酒一饮而尽。

“第一个门客不乐意了：‘你怎么要无赖啊？明明是我先画好的。’

“‘你瞅瞅自己画的，蛇怎么会有脚呢？我们比赛谁先画好蛇，而不是比谁先画好四脚怪物，我说得有错吗？’门客的话引得众人哈哈大笑，第一个人不仅没喝到美酒，还成了永恒的笑柄。伤害性不大，侮辱性极强！”

“呵呵，有意思！”皱着眉头的昭阳笑了。

陈轸趁机抛出主题：“如今将军您辅佐楚王，攻魏国，打齐国，破军杀将，战功显赫，这些足以让您扬名立万了，您觉得楚王该赏赐您什么呢？令尹，还是王位？功高震主却不停止，抢尽风头却不收手，跟画蛇添足的人有区别吗？”

对啊，飙升过快必有妖，适当止损还有救！

陈轸早就看透了昭阳的内心，位极人臣，享尽荣华，特别害怕失去。

昭阳直冒冷汗，就算我打赢这场仗又能如何呢？抢走其他人的功劳，抢走大王的风头，离死还会远吗？

快回国，交兵权，享人生！

昭阳撤兵!

用故事说明哲理，使人更加容易明白；用日常生活的事例阐释治国之术，让君王更容易接受。

齐国宰相邹忌是个高富帅，走到哪里都是焦点。可是都城里最近又出现了一个有名的帅哥——徐公，女人们的尖叫声、欢呼声都被他吸引过去了。邹忌心里有点小失落。一天早上，他穿好衣服，戴上帽子，照了照镜子，觉得自己英俊潇洒。徐公真的比自己还帅吗?

出门之前，他忍不住问妻子：“老婆，我跟城北的徐公相比，谁更帅呢?”

“啊?”妻子先是一愣，老公今天怎么了？她立刻反应过来，脸上堆满笑容，回答道：“亲爱的，徐公哪能比得上你?”

邹忌不相信，又问小老婆：“你觉得我跟徐公比，谁更帅啊?”

小老婆抿着嘴笑道：“徐公？他哪有资格跟你比，你是世上最帅的!”

邹忌还是不太相信，正好碰到过来求他办事的客人，便问道：“你觉得我跟徐公比，谁更帅啊?”

客人立刻绽放出灿烂的笑容：“你比徐公帅多了!”

可是有一天，徐公来拜访，他那英俊的脸庞深深吸引了邹忌，简直帅呆了！两个老婆都不由自主地瞟过去。

邹忌似乎明白了什么。

第二天，他上朝拜见齐威王，说道：“大王，我最近遇到一件有趣的事情。我的妻子因为偏爱我，我的小老婆因为惧怕我，我的客人因为有求于我，都昧着良心说我比城北徐公帅。我相信了他们的话，沾沾自喜，扬扬得意，直到看到徐公的那一刻，我才发现自己被骗了。

“如今的齐国，土地千里，城池百座，富有而强大。后宫的嫔妃，没有不偏爱您的；朝中的大臣，没有不惧怕您的；国内的百姓，没有不对您有所求的。我担心这样下去，您会听不到任何真话和建议了。”

齐威王是难得的明君，他立刻明白了，很快就贴出了一个“建言献策”有奖征集活动的通知。

为了进一步提高齐国的行政效能，提升百姓们的幸福感、获得感，现将有奖征集活动要求公布如下。

征集时间：即日起至无限期。征集对象：全国上下任何人。征集方式及奖励设置：当面批评我的过错的，给予上等奖赏；写信上书劝谏的，给予中等奖赏；在公众场所指责我的过失，并能传到我耳朵里的，给予下等奖赏。一经采用，奖励多多。

全国人民沸腾了！还有这等好事，批评人也能赚钱？一时间，宫殿里、宫门外挤满了人，大家纷纷过来提意见。齐威王有则改之，无则加勉，只要对国家有好处，尽管骂、尽管提！

不到一年，大家就发现提不出什么意见了，大王做得太好了！齐国人民满意度直线上升！

燕、赵、韩、魏等国的君王、大臣和百姓们听说了这件事，都给了齐威王大大的赞。宽容大度，虚心纳谏，是一个君王最高的境界，看来齐威王已经将领导艺术要得有模有样、出神入化了，我们还怎么战胜他呢？

各国纷纷前来结交，齐国不战而屈人之兵！

到了战国末期，各门各派的观点逐渐成熟，各家各位的论说日益增多，有必要对这些观点、论说进行整合，取长补短，去粗取精。这时，一个高手出现了，他就像武侠小说《神雕侠侣》里的杨过，师出多门却自创神功。他凭借“神奇学校校长”的身份，糅合各派学说，将百家学说提升到一个更高的境界。

◆参考资料：

1. 缪文远、缪伟、罗永莲：《战国策》（全2册·中华经典名著全本全注全译丛书），中华书局，2012年6月第1版。

2. 赵耿昊：《〈战国策〉成书过程中非游士因素考》，《科学·经济·社会》，2019年第4期，第113—118页。

3. 孙家洲：《〈战国策〉记事年限与作者考析》，《中国人民大学学报》，1993年第5期，第107—113页。

4. 程百让：《〈战国策〉的作者及其古、今本问题》，《郑州大学学报》，1963年第4期，第69—83页。

5. 裴登峰：《〈战国策〉研究》，社会科学文献出版社，2012年12月第1版。

6. 中华书局编辑部：《名家精译古文观止》，中华书局，1993年2月第1版。

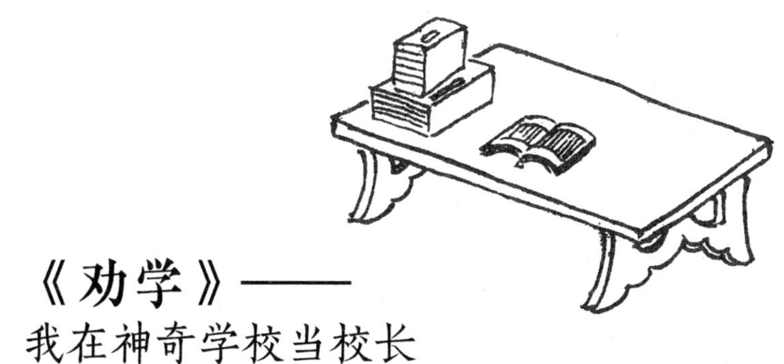

《劝学》——我在神奇学校当校长

那座神奇的学校如同磁石一般吸引着他，听说到那里学习，不仅有免费的吃喝，还能读到各个学派的书籍。如果学有所成，不仅有房有车，还有地位与自由，更能和齐王来个近距离亲密接触。一旦学说和建议被采纳，飞黄腾达不是梦想。

年少的荀子来到名震四方的学校——稷下学宫。高大的柱子，精美的雕刻，来往的人群，琅琅的书声，热闹的辩论……他羡慕而又期待地看着这里的一切：这里果然名不虚传，比传说中的还要“高大上”。而他怎么也没想到，这辈子居然跟这所学校结下了深厚的情缘。

战国时期，天下的人才们都知道稷下学宫的故事。

春秋时期的齐国由姜子牙建立，到了齐桓公时，成为春秋首霸，富裕开放，海纳百川，成了天下人向往的地方。邻居陈国发生内乱，陈厉公（姓妫，名跃）的一个儿子妫完为了躲避灾祸逃到齐国，被齐桓公封为工正，封到一个叫田的地方。

讲政治、守规矩的妫完马上把自己的姓改成田。一来是为了隐姓埋名，躲避陈国人的追杀；二来是为了表示永远效忠齐桓公：看，我非常珍惜您封给我的地方。

田完因为出身好、长得帅，被齐国大夫齐懿仲看上，招为女婿。但田完怎么也没想到，经过后世子孙多年的发展与经营，田氏家族成了齐国七大家族之一。最后田氏赶走或杀死了其他家族的人，成了左右齐国皇帝“选举”的唯一大族。权力的稳固激发了野心的膨胀，田完的后世子孙田和将齐康公赶到临海的一个岛上，只提供一些“人道主义”的物质“帮助”，让姜姓子孙在祭祀齐国祖先的时候买点像样的贡品（食一城，以奉其先祀）。

赶跑大王，田和有了飞一般的感觉，江山也得轮流坐，我不坐，谁来坐？于是田和自立为国君。为了减少齐国人的不适应，他依然沿用齐国的名号。齐国还是那个齐国，齐王已经不是那个齐王了。后世的人为了区别，称春秋时期的齐国为“姜齐”，战国时期的齐国为“田齐”。从此，姜太公建立的齐国，成了田姓家族的天下了。

田和死后，他的长子田剡（齐废公）即位，但田和的次子田午不服大哥踩在自己头上。凭什么，他哪点比我好？于是发动政变杀了亲哥哥田剡，成了“田齐”的第三位君主，用的名号也是齐桓公。为防止与“春秋五霸”之一的齐桓公姜小白混淆，又称“田齐桓公”或“田桓公”。

此时，齐国危机四伏，成了很多国家眼中的肥肉，田午觉得身边没有人才帮助不行啊！

怎么才能吸引更多的人前来齐国为我所用呢？

一天，田午路过齐国国都临淄的一处城门——稷门时，发现这个地方有很多南来北往的外地人，有经商的、游玩的、走亲戚的，而且这里地势平坦开阔，适合造房子。

田午灵光一闪，有办法了！我为何不在这里建一所学校，聚集天下有学问、想学习的人？给他们提供优厚的待遇，重视他们的批评建议，还怕没有人才来齐国？

说干就干！

田午命人在临淄城稷门附近建造了一个学校，因地处稷门附近而得名“稷下学宫”。世界上第一所由官方主办、私家主持（产权与出资是官方的，由私人经营管理）的高等学府就这样诞生了。田午也许没有想到，经过他后代子孙的努力，稷下学宫成了“百家争鸣”的中心地带，更成为天下读书人与后世文人向往的圣地。

广告做得好，不如稷下学宫的位置和待遇好！各国读书人纷纷涌入学校。这里不仅能读书学习、发表议论，还有吃有喝有房住。一旦自己的政治主张受到齐王的重视，瞬间飞黄腾达，实现“草根”逆袭。

田午统治期间，齐国的内忧外患稍稍减轻，剩下的就交给子孙了。不久后，历史上著名的齐威王（田因齐）闪亮登场，他喜欢大手笔！

为了广开言路，齐威王积极扩建稷下学宫，“开第康庄之衢”，修起“高门大屋”。齐威王向各国人才伸出橄榄枝，只要你们来，要什么有什么，齐国有的是钱！你们负责议论说话，我来负责赚钱刷卡！

这时，稷下学宫规模比田和时期更大，阵容更豪华。各国人才要头衔，给个“上大夫”！要房子，每人一间！要钱财，尽管开口！要自由，随时可走！稷下学宫给各国人才充分的时间与自由，鼓励他们著书立说，定期开展学术讨论，激发参政议政的热情。齐威王非常注意吸收这些人的建议与看法。虽然黄老学说占据学宫的思想主流，但稷下学宫并不排斥其他学说，只要说得对、说得好，照样有肉吃。只要是好的学说和观点都可以拿来为我所用，不搞圈子文化，不搞山头主义，也不搞个人崇拜。

一时间，天下人才聚集齐国，齐国也越来越强大。齐宣王继位以后，尽显土豪风范，将稷下学宫推向了鼎盛。《史记·田敬仲完世家》记载："宣王喜文学游说之士，自如邹衍、淳于髡、田骈、接子、慎到、环渊之徒七十六人，皆次列第为上大夫，不治而议论，是以稷下学士复盛，且数百千人。"

来到稷下的都是主人，要什么给什么，房子、车子、票子全部配齐，只需要好好研究学问，不需要做烦琐的工作。该发议论的时候发发议论，该解决问题的时候提出解决方案，君王大臣们视情况予以采纳，即使不采纳的也会予以表扬点赞。稷下学者实际上成了智囊团，学宫成了政治咨询中心。

这样重贤用士的风格让齐国思想开放、飞速发展，文化软实力与经济硬实力都大大增强，成为综合实力唯一能抗衡秦国的东方大国。

稷下学宫成了大家梦想开始的地方。年少的荀子在稷下学宫最鼎盛的时期慕名而来，如饥似渴地学习各学派的典籍，儒家、道家、法家、名家、兵家、阴阳家……还有老师学生们共同编写的课本《宋子》《田子》《捷子》《管子》《晏子春秋》《司马法》……充满智慧的各类书籍如同清泉滋润着荀子的心田。

除了书籍，还有名师。学术明星络绎不绝地前来学习、授课与辩论，有孟子（孟轲）、淳于髡、邹子（邹衍）、田骈、慎子（慎到）、申子（申不害）、接子、季真、涓子（环渊）、彭蒙、尹文子（尹文）、鲁连子（鲁仲连）……在这里，大家自由大胆地阐释观点与学说，既接受反驳，也驳斥别人，在激烈的争论中不断完善各自的学说。不知不觉，悄无声息，稷下学宫成了"百家争鸣"的中心地带。

每天课堂精彩纷呈，课程随意组合，你想听哪派学说就听，不想听就不听，选择多多，收获满满。年少的荀子不想错过每节课，不想错过每个人。他在一旁做个安静的美男子，看着老师或学生们围绕一个问题辩论得唾沫横飞、面红耳赤。

他们的观点既有好的地方，也有不好的地方，但是道理越辩才能越明白，越辩才能越深刻。荀子暗下决心，他要吸收各派所长，为己所用，创立一个属于自己的学说。

一晃就是十几年，荀子已经从懵懂兴奋的少年成长为知识渊博的大叔，对天下形势有了自己的看法，对为人处世有了自己的主张。他融合儒家、道家、法家等各派学说，初步总结出了一套帝王术的理论系统，渐渐打出了名气。

原本他想继续留在齐国，等待机会大展宏图，但是计划赶不上变化。齐宣王的儿子齐湣王继位以后，虽然也重视稷下学宫的建设，却极少采纳学者们的建议。齐湣王为了展示自己的“猛男”本色，主动挑起争霸斗争，到处显摆武力。发动垂沙之战，大败楚国；发动函谷关之战，大败秦国；吞并宋国，自称东帝；南割楚之淮北，西侵三晋，甚至想独吞了周王朝，自称天子。

因为四面树敌，连年战争不断，祖宗们积累的财富很快被挥霍一空。稷下学宫里有个性有本事的读书人纷纷出走，既然不听我的，待在这里也没有意思。走吧，没有了伯乐，千里马又如何飞奔？荀子依依不舍地去了楚国，寻找新机遇。

第二年，燕国为了报仇，派名将乐毅带领五国联军攻破齐国七十二城，齐湣王被人抽了筋、剥了皮，极为痛苦地死去。

齐襄王继位。

他在传奇名将田单火牛阵与反间计的帮助下光复齐国，努力发展稷下学宫，意图恢复昔日的辉煌，重新吸引各国人才。但当时稷下学宫的“校长”（祭酒）淳于髡、资深“教授”田骈等人相继去世，找谁来当“校长”呢？

学有所成、名气渐大的荀子成了祭酒的最佳人选。

从曾经的学生一跃成为如今的“校长”，荀子终于可以大干一场了。他综合各家学说，去掉别家不好的地方，吸收别家好的地方，自由发表见解，深入阐释主张。针对儒家孟子的性善论，他提出了性恶论。荀子是冷静而睿智的现实主义者，他认为人性的恶起源于内心的欲望与野心，不是你想抹杀就能抹杀了的。但人性的恶并不可怕，也不丢人，只是需要用适当的方式加以控制。

懂得礼义廉耻，推行大棒严刑，礼治与法治相结合才是治理国家、控制丑恶的最好方式。怎么才能让人懂得礼义廉耻呢？吃饱喝足以后，一定要认真学习，接受教育，于是他写下了《劝学》，提醒世人时刻学习，终身学习，永不停止。“学不可以已。”为什么呢？“不登高山，不知天之高也；不临深溪，不知地之厚也；不闻先王之遗言，不知学问之大也。”山外有山，人外有人，再厉害的人也得借助前人和他人的思想与力量，即“善假于物也”。

不会学习的人，又怎能超过别人？

那么，如何学习呢？水滴石穿，坚持不懈。“不积跬步，无以至千里；不积小流，无以成江海。”从每天做起，从点滴做起，坚持一个目标，做到永不放弃。“蚓无爪牙之利，筋骨之强，上食埃土，下饮黄泉，用心一也。蟹六跪而二螯，非蛇鳝之穴无可寄托者，用心躁也。”蚯蚓都如此，何况是人呢？

三天打鱼，两天晒网，又怎能成功？他在文章《解蔽》中也提出，人只要能够透彻了解一类事物就很了不起了，真正聪明的人只会专心从事一种工作。

虽然有很多人把荀子列为儒家，但他并不完全接受儒家观点，有些看法甚至与儒家完全相反。他不仅提出了与“性善论”针锋相对的"性恶论"，还在著名的文章《天论》里提出了"天行有常，不为尧存，不为桀亡"的观点，这是什么意思呢？

地球离了谁都照转，天不会因为那些害怕寒冷的人就阻止冬天的到来，地也不会因为那些讨厌路远的人就改变它的辽阔，君子不会因为小人的指指点点就停止自我完善。"天不为人之恶寒也辍冬，地不为人之恶辽远也辍广，君子不为小人之匈匈也辍行。"

后世的帝王们肯定不喜欢这样的论调，他们喜欢地球离开他们就转不动、玩不转的理论，因而皇帝们基本上不会抬高荀子的地位。儒家称皇帝为天子，是上天派到凡间造福人类的仙子，荀子却说谁来做皇帝都一样。所以历代处于正统地位的儒家也不接受荀子，把他看作异类分子、捣蛋分子。

其实荀子只不过是综合各家所长而已，武术不分门派，功夫才能厉害！

既然"天行有常，不为尧存，不为桀亡"，是不是我们普通人在大自然面前只能束手无策、混吃等死了呢？

非也，非也！对于老百姓来说，只要顺应自然的规律，相信自身的力量，就能征服自然；对于统治者来说，只要政治清明，管理得当，即使自然界的灾难再多，天下也能太平。如果政治腐败，即便没有灾害，天下也会大乱。

帝王们，请你们牢牢记住，不作死就不会死！

学术大师荀子成了稷下讲坛的当红明星，主持学校工作二十多年，培养了大量才能出众的学生，比如李斯（秦国丞相）、韩非（法家代表人物）、张苍（西汉初年的丞相）、毛亨（经学大师）等，桃李满天下，思想传八方。

除了待在学校，荀子也会出去讲讲课、传传道。

齐襄王时期的齐国国力已经不足以支撑稷下学宫维持当年的规模与辉煌，学术也渐渐失去了自由，小人乘虚而入。齐襄王死后，他幼小的儿子齐王建即位，大权落入太后手中。

荀子针对太后专政提出了批评意见，这在齐威王、齐宣王时期，根本不算个事，叫你来就是让你提出批评意见的。然而此一时彼一时也，现在的齐国已经成了将死的骆驼，稷下学宫变成了装点门面的幌子。让你待着就是让你当花瓶的，你还真把自己当回事了？

在太后的示意下，齐国大臣群起而攻之，“最牛校长”成了“最大坏蛋”。

唉，非常时期，非常选择！此时，战国四公子之一的春申君黄歇发来邀请函：来楚国吧，我仰慕您很久了！

于是，荀子去了楚国，担任兰陵（今山东省临沂市兰陵县）令。战国时期，万户以上县的长官称令，不足万户的为长，所以兰陵应该是个人口众多、经济繁荣的地方。荀子就这样从“校长”转型做了“县长”。

这个空降的“县长”引起了本国贵族们的嫉妒，我们得不到的机会，凭什么给一个别国的老头？流言飞来飞去，谗言窜来窜去，楚王怀疑，众人眼红。

见多识广的荀子明白，再不走，离死就不远了。他不顾春申君的挽留，离开楚国，去了赵国。在这一时期，知识就是最好的护身符、最佳的通行证。

大约七八年以后，在楚国巩固地位之后的春申君再次向荀子伸出橄榄枝。来吧，我需要你！楚国尽在我的掌控中，看谁还敢挑拨离间赶你走？

荀子又回到楚国担任兰陵令。可是好景不长，春申君被门客李园设计陷害，脑袋被砍，全家被杀。为了躲避灾祸，荀子突然销声匿迹，埋头整理著作，重新思考毕生所学。他的作品在汉代流传的有三百多篇，经过刘向的编订，删去重复的，留下精华，定为《荀子》三十二篇。

随着秦始皇统一大业的开启，曾经“百家争鸣”的中心也没能挡住秦国大军的铁蹄，最后一个国家——齐国投降了。

齐国没了，稷下学宫也黯然落幕，失去了往日的霸气与生气，但它的精神影响了齐国乃至整个中国，它成了后世无数读书人向往的圣地。学宫里的饱学之士从这里走出去，将百家思想与学宫精神带到了各个地方。有的人隐姓埋名，埋头著书；有的人静观时局，伺机而动。而他们中的大部分人来到秦国，投奔新主人，成为吕不韦的门客，一起编写《吕氏春秋》。

◆参考资料：

1. 王志民：《稷下学宫公开课》，商务印书馆，2016 年 11 月第 1 版。

2. 司马迁：《史记》（传世经典文白对照・全 5 册），中华书局，2019 年 12 月第 1 版。

3. 王志民、黄新宪：《中国古代学校教育制度考略》，首都师范大学出版社，1996 年 8 月第 1 版。

4. 中华书局编辑部：《名家精译古文观止》，中华书局，1993 年 2 月第 1 版。

5. 周先进：《荀子生平事迹新考》，《前沿》，2015 年第 1 期，第 155—160 页。

6. 杨荣春：《荀子的生平、时代和思想重镇》，《教育评论》，1987 年第 4 期，第 43—46 页。

7. 杨京龙：《齐国威宣盛世》，山东文艺出版社，2004 年 10 月第 1 版。

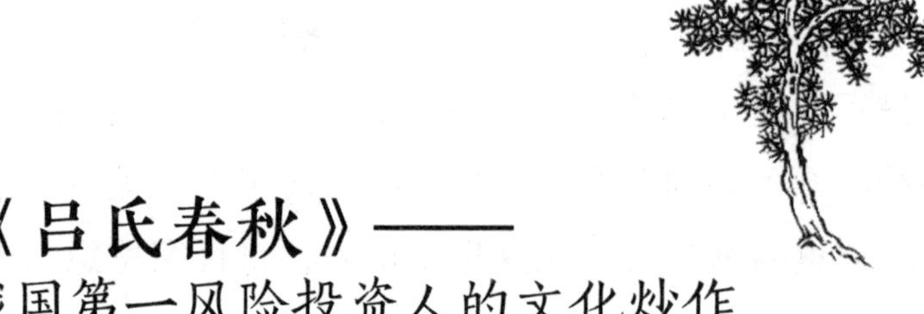

《吕氏春秋》——战国第一风险投资人的文化炒作

登上权力巅峰的吕不韦总觉得还缺点什么。

被他一手扶持继承王位的子楚（秦庄襄王）去世以后，太子嬴政继位，尊称吕不韦为“仲父”。既有宰相的权力，又有父亲的尊称，还有什么遗憾呢？财富、地位、利益，大多数人忙忙碌碌一辈子也得不到的东西，他全有了。望着漆黑深邃的夜空，流星一颗接着一颗划过，吕不韦的心中隐隐感到一丝凄凉。自古以来，无论什么人都逃不过死神的召唤，身体的衰老让他感到一阵悲凉，怎样才能如同星星一样永恒地挂在天空中呢？

他想起了战国四公子：魏国信陵君、楚国春申君、赵国平原君、齐国孟尝君。他们礼贤下士，重视人才，赢得了天下人的仰慕与称赞。他又想起了春秋战国的名士：孔子、老子等。他们著书立说，桃李芬芳，带着名作名篇永放光芒。

对，他要编写一部名扬天下、流传后世的著作，带着他的思想与主张飞向永恒的天空，成为最亮的那颗星。从目前的形势来看，秦国一统天下已是大势所趋。法家思想可以用来夺天下，但未必能治天下，必须要对各派学说兼收并蓄，提炼融合，将其变成更加完善的学说，作为统治六国、安定百姓的基础思想，让来自五湖四海、不同国家的人接受统一的领导。

野心勃勃的吕不韦站得高，看得远，有了想法，便立即行动。

如今的他只要一声令下，人才们必定聚集而来。他给出优厚的待遇，向天下招募学富五车、文采出众的人才。“全球招聘通知”一下发，饱学之士纷至沓来，跟着吕大人有肉吃啊！

此时的齐国日渐衰落，雄风不再，稷下学宫已经失去了当年的辉煌，待遇、氛围大不如前。人才们也得吃饭，谁给的待遇好就跟谁，很多原本在稷下学宫学习、研究的人才们也奔向了秦国。

秦国自从有了军功爵制的刺激，人人好战斗狠，从来不缺猛将大帅，不需要再编写兵法。那就编一部像《管子》那样充满智慧的治国理政之书，古往今来、上下四方、天地万物、兴废治乱、士农工商、三教九流，应有尽有，无所不包。

在吕不韦的亲自主持下，来自四面八方的人才夜以继日地写出自己的所见所闻、感想意见，知无不言，言无不尽。面对大量的文章，吕不韦找出了几位高手中的高手，对每篇文章进行筛选、归类、删改，共分为十二纪、八览、六论，共二十六卷，一百六十篇，二十余万字。十二纪按照十二个月份编写，内容按照春生、夏长、秋收、冬藏的自然变化逻辑排列，探讨大千世界和社会发展的规律（类似于世界观，说明世界从哪里来，又到哪里去）；八览以人为中心，讨论个人修养、品德等（类似于价值观，说明怎样做一个合格有用的人）；六论以人的行为以及事理为主题，讨论行为尺度、处世准则等（类似于人生观，说明我们该如何过好我们的一生）。

治国、理政、为人、处世、辨人、用人等，你想要了解的内容，它都有！

吕不韦欣慰地看着编辑成册、堆积如山的竹简，扬扬自得，野心勃勃。一部书道出万物规律，一部书说尽世间道理。整部书的结构和逻辑非常严密，解释了天地人之间的现象和规律，内容包含了儒、道、墨、法、兵、农、纵横、阴阳家等各家思想，他将书籍命名为《吕氏春秋》，欲与《春秋》《左氏春秋》试比高！

如何让书籍名扬四海？如何让大家争相阅读？炒作，营销！头脑精明的吕不韦从来不缺创意。当年他往来各个国家，将商品低价买进，高价卖出，积累了丰厚家产之后，将眼光对准了权力的宝座，大力扶持被派到赵国做人质的秦国王子——异人。一个被秦国作为缓兵之计丢在赵国的弃子，提心吊胆地生活在别的国家，无人疼，无人爱，当一天和尚撞一天钟。到赵国邯郸做生意的吕不韦看到异人之后，如获至宝，此人乃商品中的极品啊，只要放长线，将来一定能钓大鱼。

从此，吕不韦将所有的财富与精力投入到异人身上，流落他乡、前途黯淡的异人激动地拉着吕先生的手说道："兄弟，如果您能帮我实现计划，秦国的天下，你我各一半！"

吕不韦信心满满地点点头："我办事，你放心！"

他开始帮助异人量身定制风险投资计划，四处活动结交贵族，用金钱帮异人砸开了一条回国继承王位的路。后来，异人改名子楚，最终登上君王宝座，成为秦庄襄王，吕不韦的风险投资获得了巨大的收益。

如今的吕不韦看着满屋的《吕氏春秋》，又开始了一次大手笔的营销炒作。他请人把书卷的内容抄写在布匹（那时候还没有纸张）上，悬挂在首都咸阳城门上，并贴出通知：如果有人能对书籍的内容增加或删减一个字，就给予一千金的奖励。

一时间，咸阳城门外，聚集了来自五湖四海的"挑刺者"。大家读着一篇篇深刻而又朴实的文章，咀嚼着一个个传神精辟的文字，始终找不出其中的错误，改不了书上的任何字词。所有人纷纷摇头叹息，丞相大人的钱不好拿啊！

但这次炒作产生了巨大的轰动效应。从此，《吕氏春秋》名扬天下，东方各国纷纷感叹，好勇斗狠的秦国也开始走发展文化的道路了！吕不韦从商人、政客，成功转型为文化艺术界大咖。

这本书到底有什么魅力呢？

它拒绝“鸡汤”，拒绝做作，拒绝无效，使用了大量生动有趣的寓言故事，将人生哲理、治国之道阐释得通俗易懂、深入浅出。《察传》就用有趣的故事解答了人们经常会碰到的流言蜚语问题。

每天面对各种各样的传闻和消息，该用什么样的态度来对待呢？“夫得言不可以不察，数传而白为黑，黑为白。”一定要审察思考，否则传来传去，白的变成黑的，黑的也变成白的了。听到消息，加以审查辨别，好处多多；听到消息，不仔细辨别，烦恼多多。为了让观点更加直白易懂，文章中举了好几个有趣的例子，其中一个便是丁公凿井的故事。

春秋时，宋国有个姓丁的人，因为年龄大而且受人尊敬，人们都称其为丁公。丁公是个农夫，以耕地为生。当地没有河流，浇地都用井水，但丁公家中没有井，在庄稼需要灌溉的时候，他必须到很远的地方取水，一桶一桶地挑到自己的地中灌浇，不仅吃力，而且效率低下。

他专门雇了一个人，负责到外面挑水回来浇灌庄稼。丁公看着那些挖了井的人家因为灌溉及时，庄稼长势良好，心里不是滋味。这样下去不行，生产效率就是金钱啊！

对，凿井，挖地百尺也得弄个属于自己的井！

皇天不负有心人，他终于成功了。看着清澈的井水汩汩地往上涌，丁公激动了。太好了，从此以后，再也不用专门雇一个人挑水浇地了。丁公笑着说道：“我家挖了一口井，等于挖到了一个人啊！”

结果，一传十，十传百，他的那句话彻底变了味：“不得了了，丁公家里挖井挖出了一个人呢！”

有些人还添油加醋、绘声绘色地描述着井里的怪物长什么样，说什么话……

一句平常的话，成了大家竞相吹牛的谈资，引起了巨大的轰动。最后，连宋国国王也知道了，他赶紧派人到丁公家里去打听到底挖出了何方神圣。面对来调查的官员，丁公先是一怔，然后哈哈大笑：“你们都搞错了吧！我的意思是家里凿了一口井，无须再派一人在外面打水，等于多得到一个劳动力，而不是在井里挖到一个大活人啊！”

原来这是个假新闻！

所以，在《察传》的结尾，作者感叹道：“辞多类非而是，多类是而非，是非之经，不可不分，此圣人之所慎也。然则何以慎？缘物之情及人之情，以为所闻，则得之矣。”

言论是最难分辨的，但又不得不认真辨别，否则就会是非不分。聪明的人一定要慎重地对待各种流传的信息与言论。靠什么才能做到慎重呢？凡是违背自然规律和人性的传闻，必定有问题，事出反常必有妖！

《吕氏春秋》擅长用有趣的故事来讲道理，让人更加容易接受。刻舟求剑和引婴投江这两个故事就来自里面的文章——《察今》。

自从商鞅变法以后，各个国家纷纷效仿，变法强国的观念已经深入人心。但是反对的声音从来没有停过，本来日子过得挺舒服的贵族们，突然站在了和老百姓一样的起跑线上，他们岂会善罢甘休？

时不时就会跳出来呐喊几声。《察今》就是针对那些变法反对派们而作的。

文章开头便提出："上胡不法先王之法，非不贤也，为其不可得而法。先王之法，经乎上世而来者也，人或益之，人或损之，胡可得而法？虽人弗损益，犹若不可得而法。"为什么不能照搬先王的法令呢？不是那时的法令不好，而是我们要与时俱进，根据时代的发展增加或删改原来的政策，不能机械地照搬照套。

为了增强说理的效果，文章中举了很多日常生活中的例子。

楚国有个渡江的人，不小心把随身带的宝剑掉到了水里，他赶紧去抓，但是为时已晚。望着深不见底的江水，楚国人抑郁了：跳进去，身体喂鱼；不管它，心里别扭。他赶紧掏出小刀，在船舷上刻了个记号。同船的人感到很奇怪，这是什么操作呢？楚国人淡定地坐到位置上，一脸自豪地说："聪明的我想到了一个好主意，就不告诉你！"

等到船靠岸以后，楚国人一看，现在水浅了，船也停了，刚刚好！他赶紧从刻记号的地方跳进水中，去捞宝剑，结果捞了半天，什么也没捞到，头上除了江水，还有雾水！

为什么啊？楚国人自言自语："嘿，不对啊，我的宝剑明明是从这个记号处掉下去的，怎么找不到了呢？"是船出了问题，还是我出了问题？

众人莫名其妙地看着他，你老人家确定掉的是宝剑，而不是脑袋瓜吗？剑在原地，船在前进，怎么可能捞得到？

这就是刻舟求剑的故事。在故事的后面，作者引出自己的观点：照搬照套旧的法令制度，不就跟楚国人一样吗？时代在发展，国家在前进，法令却一成不变，岂能不出问题？岂能不被笑话？

接着，作者又引出了另外一个故事：有个人正抱着一个婴儿，想要把婴儿投到江里去。大家跑过去阻止道："你这是干什么？"抱婴儿的人说道："这孩子的父亲是游泳高手，他应该也是游泳高手啊！我想看看这个小不点怎么游。"

众人无语，父亲会游泳，儿子就一定会游泳吗？何况还是个婴儿！用机械的思维想事情，怎么能不出错呢？

脑子上锈，一无所有！

《吕氏春秋》可以说是战国时期人才们集体智慧的结晶。吕不韦通过风险投资赢得了巨额回报，他的事迹激励了很多人来到秦国寻找梦想，其中就有一个底层小人物。

◆参考资料：

1. 苗润田：《〈吕氏春秋〉与稷下学》，《管子学刊》，1991 年第 2 期，第27—30 页。

2. 司马迁：《史记》（传世经典文白对照·全 5 册），中华书局，2019 年 12 月第 1 版。

3. 司马光：《资治通鉴》（全 18 册），中华书局，2019 年 11 月第 1 版。

4. 中华书局编辑部：《名家精译古文观止》，中华书局，1993 年 2 月第 1 版。

《谏逐客书》——一篇文章保住了金饭碗

战国末年，楚国上蔡（今河南省驻马店市上蔡县），一个普通的小孩出生了。他平平凡凡地长大，读了一些书，识了一些字，“拼爹”毫无希望，“拼爷”更加渺茫。当时的楚国已经不再强大，小孩长大后，只能在当地官府里做做“办公室文员”（掌管文书的小吏）。他按部就班、兢兢业业地做着手上的工作，打算存点钱娶个老婆或者做个“极品赘婿”。

直到有一天，一群脏兮兮的小老鼠改变了他的想法。

当时，他正要去厕所，在外面就听见“吱吱吱”的叫声。从门缝一看，原来是一群饿坏了的瘦小的老鼠正在粪坑里大口“吃饭”。他推门进去，这些臭烘烘的小东西惊恐万分地跑走了。当他方便完，走到官府的米仓附近时，也听到“吱吱吱”的声音，原来是米仓里吃饱了的肥大老鼠们为了饭后助消化，正在米堆里欢快地追逐玩耍。

每天窝在官府里整理文件的年轻人摇了摇头，感慨万千，自言自语：“一个人如果没有出息，就如同茅房里的老鼠。平台决定一切啊！粪坑里的老鼠吃不饱还担惊受怕，米仓里的老鼠吃得好还优哉游哉！”

我不要做粪坑里的老鼠！年轻人发出一声叹息，老鼠就要爱大米！他想去发达的国家找工作，吃肉喝酒，飞黄腾达！但在此之前，他要刻苦学得一身本领，不然去了也是白去。于是他立刻裸辞，去了一所神奇的学校——稷下学宫！

当时齐国的稷下学宫虽然没有之前那么辉煌，可现任“校长”乃大名鼎鼎的荀子，他吸收了各家学派的思想，总结出一套“帝王之术”，研究方向是如何治理好国家，如何有效地统治百姓。

年轻人如饥似渴地学习，课堂做笔记，课下勤复习，不断揣摩“帝王之术”。

学成之后，他按照“老鼠的逻辑”仔细分析对比各个国家的情况，分辨出哪些国家是“粪坑”，哪些国家是“米仓”。最后，他决定去最大的“米仓”——秦国。

当时，秦国已经制定了完善的人才选拔招聘制度。军队里有军功爵制，总共分为二十级。这是当年商鞅定的制度，简单粗暴而又科学有效。想要加官晋爵，想要钱财土地，提着敌人的头来，交给官员数一数。不管你是平民，还是贵族，全部按人头数量获得爵位。砍的敌人越多，获得的爵位越高。贵族们失去了世代做官的特权，底层人有了发挥才能的舞台。一时间，秦国成了人才和勇士们向往的理想国。

针对文人，秦国还有客卿制度。招聘别国人才来本国做官的制度从古就有，各国都有，但数秦国的制度最为完善。通过面试，“全球直聘”，立即授官——客卿。别国人可以担任本国的高级官员，来的都是客，请上座！

当年，燕国人蔡泽到各个国家求职，四处碰壁，无人录取，后来参加了秦国的现场招聘会。主考官秦昭王、副考官范雎都对他很满意，拜他为客卿（秦昭王召见，与语，大说之，拜为客卿）。

客卿们不仅有实际权力、荣誉称号（爵位），还有特大面子（以客礼待之）。因此，天下人才对秦国爱如潮水，在他们心里秦国永远是那么美。

想要“吃大米”的年轻人带着梦想来到了秦国，投靠到秦国“总理”吕不韦的门下。经过初步鉴定，吕不韦认为小伙子绝对是个人才，就留他做了随从，后来找了个合适的机会推荐他做了官，让他有了接触秦王嬴政的机会。那可是超级“大米仓”啊！

终于等到了秦王的“面试”，年轻人不谈工作经历（因为没有什么耀眼的履历），而畅谈理想：“凡是干大事业的人，都得抓住机会。秦穆公虽然强悍，但没能一统天下，主要是因为时机不成熟。现在秦国在您这样贤明的大王领导下，已经相当强大了，消灭六国如同弹弹灰尘那么简单，现在不一统天下，更待何时？”

哦，那有什么好方法消灭六国呢？

在雄才大略的嬴政面前，光拍马屁肯定不行，得拿出满满的干货！

年轻人提出了使用离间计破坏六国内部团结的策略，又说明了消灭六国的先后顺序。嬴政笑了，这小伙子有前途，好好留在秦国吧，我给你超级大平台！年轻人实现了“草根”逆袭，相当完美！

他的名字叫李斯。

正当李斯做着升官发财的美梦之时，一场意外突然来临，秦国内部发生了关于客卿制度的大争论。之前，韩国为了削弱秦国的实力，想了个看似聪明实则愚蠢的办法——派间谍鼓动秦王修建水渠。你秦国不是很能打吗？我用形象工程耗费你的人力、物力与财力，看你怎么打仗。

结果，韩国偏偏选了个水利方面的超级专家当间谍——郑国。

不仅没能耗死秦国，还让它更加强大。因为修成的水渠（郑国渠）太牛了，直接把秦国大片沼泽盐碱地变成了沃野良田，使原本落后贫穷的关中地区成为超级大粮仓，彻底解决了秦国打仗粮食紧缺的问题。当然，这是后话了，当时的秦国人民和嬴政没有看出水渠会带来的实际好处。

郑国间谍的身份被人发现，给了秦国土著与贵族们嚼舌根的机会。看看吧，这就是任用别国人而不重用本国人的下场！还不知道有多少间谍在秦国呢！他们这些人隐藏在暗处，一旦作乱怎么办？关键时刻还是咱们本国人靠得住啊！

必须把这些别国人统统赶出去！众人将矛头直指长期压制本国贵族的客卿制度。

秦国人你一言，我一语，唾沫星子乱飞，废除客卿制度的叫喊声此起彼伏：那些别国人都是间谍，潜伏在秦国搞破坏，请大王下令赶走所有别国人！

被人耍了的秦王嬴政自尊心受挫，这些别国人竟然敢挑衅我的智商？他大笔一挥，立即下达逐客令：所有别国人统统在限期内离开秦国。

李斯也是其中之一。

这下好了，刚来到“米仓”，又要回到“粪坑”！李斯赶紧搜肠刮肚，运用多年所学，写了一篇文采飞扬、极具说服力的议论文（奏章）交给秦王。不光嬴政，任何人看到这篇文章都会竖起大拇指，佩服的眼神里只有一个字——牛！

这就是《谏逐客书》，大致意思如下。

请问，由余、百里奚、蹇叔、丕豹、公孙支这五位为秦国做出突出贡献的人，是秦国人还是别国人？还有商鞅、张仪、范雎。秦孝公、秦惠王、秦昭王，哪一个没有重用别国人？

陛下您穿的、用的、吃的、喝的，哪一样不是产自其他国家？音乐、珠宝、佳丽、好马，只要喜欢，管他是秦国的还是别国的，统统都要！为什么单单不要人才呢？

河海不择细流，才能成就它的深广；帝王不拒人才，才能成就他的功业。如果破坏客卿制度、驱赶人才，会有什么后果呢？人才们只会带着仇恨逃走，帮助别的国家发展壮大，掉过头来攻打秦国。

李斯把自己的观点与秦王的利益捆绑在一起，阐明废除客卿制度，就是自毁长城！“夫物不产于秦，可宝者多；士不产于秦，而愿忠者众。今逐客以资敌国，损民以益雠，内自虚而外树怨于诸侯，求国无危，不可得也。”

《谏逐客书》如天上之水，飞流直下；又如狂风暴雨，呼啸而来。好比一场震撼的视听盛宴，让人热血澎湃。

嬴政读罢，脑子里只有一个想法：赶走客卿，我离死就不远了！

于是赶紧取消逐客令，执行客卿制，立刻，马上！

李斯受到重用，被封为廷尉（掌管刑狱，是秦汉时期主管司法的最高官吏），从此“大米”滚滚而来。李斯凭借渊博的学识和纵横四海的口才，一直干到丞相，帮助秦始皇统一天下、统一文字、统一度量衡、统一货币……兢兢业业，鞠躬尽瘁。

但他干了一件令天下人和后世人寒心的事情。

公元前213年，秦始皇在咸阳宫大摆宴席，办了个大型的“派对”。众人纷纷向老大敬酒，马屁拍得个顶个响亮。一向理性隐忍的秦始皇也陶醉了，你们说得一点都没错，我不是千古一帝，谁是？我不是天底下最酷的男人，谁是？

武官周青臣端着酒杯，用武人特有的大嗓门将马屁推向了高潮。他走到始皇的面前，高声颂扬：“吾皇了不起，实在了不起！从前秦国的领土不超过千里，因为有您这样英明神武的君王，才能一举平定天下。只要是太阳照射的地方，没有不称臣顺服、磕头谢恩的。您把诸侯国改成了郡县，让百姓们安居乐业，令他们仰望星空。啧啧，自上古以来，这样伟大的功绩谁能比得上？啧啧，我们生活在您的时代，真是太幸福了！”

秦始皇一向严肃的脸上绽放出笑容。这个可以有！我就是明星，我就是焦点！

“不对，你说得不对！”

一个不合时宜的声音打破了和谐氛围，打蔫了秦始皇脸上绚烂的笑容。谁这么没有眼力见？大家回头一看，原来是博士淳于越，此人向来一根筋。

他脸红脖子粗，义正词严而又略带鄙夷地看着大家。

“怎么个不对？”秦始皇眼光直射淳于越。

淳于越放下酒杯，整了整衣襟说道：“现在陛下统一天下，就应该仿照周朝建立分封制度。现在朝廷不遵守古代的制度，怎么能搞好工作呢？酒席上的这帮人当面奉承您，不指出您的错误，怎么能算得上忠臣？”

众人不高兴了，我拍马屁干你何事？在喝酒娱乐的场合，难道还让我们讨论国家大事？喝酒的兴趣没了，聊天的氛围没了，一帮人咬牙切齿地看着淳于越，这老家伙活腻歪了吧？

面对博士与大臣们的不同声音，微醉的秦始皇并未失去理智。他陷入了沉思，到底是分封制好呢，还是郡县制好？哪个制度才能让我的江山永固？淳于越虽然说话刺耳，但也是为了大秦王朝嘛！

淳于越反其道而行之的话语如一石激起千层浪，众人纷纷扫兴离席。

秦始皇心情沉重地把这件事交给丞相李斯处理，你看着办！尽快拿出方案，告诉我到底是分封制好，还是郡县制好。

李斯的脸都气绿了，好你个淳于越，我搞成了郡县制，你却要恢复分封制，眼里还有领导吗?

分封?我耗费毕生精力帮助嬴政干掉六国，一统天下，现在你却让王公贵族们分享江山，那我拼命是为了什么?无私奉献?闲着无聊?你淳于越难道不是想标新立异、乘机捞油水?或者恢复你原来的国家——齐国?

皇帝采用了你的建议，必然会重用你们这些儒生，那我毕生的心血岂不白费，我的地位岂不危险?给你发挥的空间，以后还不得爬到我头上?我寻找“粮仓”，不是为了跟别的“老鼠”分享“白米”!

如何让这些人闭嘴呢?智商极高的李斯明白秦始皇内心最想要的是什么：江山稳固，集权统治，唯我独尊的感觉。

只要把自己的利益和皇帝的利益进行捆绑，就能完美地打击这些叽叽歪歪的人。

而李斯最擅长利益捆绑!

想当年，李斯用一张嘴说服嬴政取消逐客令，而如今，他要用一张嘴搞死反对派。他充分发挥超一流的口才，滔滔不绝地对秦始皇说道：“时代在发展，社会在进步，三皇五帝的制度也不相互重复。用自己的方式治理国家，并不是标新立异，而是顺应时势的变化。您建立的丰功伟业，岂是那些迂腐的读书人能够了解的?淳于越说的分封制度是被人用过的旧方法，怎么能拿到现在来用呢?

“以前诸侯争斗，君王们拼命招揽人才，现在天下安定，您是唯一的老大。百姓只要安安分分地耕田务农，读书人只要学习国家的法令，知道什么该做、什么不该做就够了，不需要探讨为什么要做、怎么做。

“淳于越之流厚古薄今，蛊惑人心。读书太多的人往往沾沾自喜于自己的学识，而对您制定的政策法令说三道四。尤其是那些聚众讲课的人，一听到朝廷的举措，不管三七二十一，纷纷点评非议，这里看不惯，那里瞧不上，故意煽动老百姓的不满情绪。

“如果不禁止，您的权威就会下降，朋党就会形成……”

李斯始终把打击政敌的私心融合在皇帝的利益中，他讲话的核心就是：天下必须只有一个声音，一个权威，那就是皇帝您！让大家学习历史，只会让他们想念故国；让大家学习知识，只会让他们本事过大。万一造反怎么办？不让他们读书，不让他们思考，只要他们点头哈腰就行！

原本想开个“分封好还是郡县优”的学术讨论会，现在变成了“淳于越是个极品”的吐槽大会。秦始皇表情变得严肃，心里泛起嘀咕：对啊，我刚制定政策，儒生们就跟我唱反调，长此以往，江山怎能永固？刚刚被我打趴下的六国贵族们最想看到的是什么？

百姓们对新朝的抱怨与愤怒，对旧制度、旧国家的幻想与眷恋。

小李同志，既然你摆出了问题，可有好的解决方案？

有！李斯早就想好了对策：除了医药、占卜、种植一类的书，只要不是秦国史官所记的历史书，不是官方而是民间收藏的诸子百家等书籍，全部限期上交官府并集中烧毁；私下谈论古书的，借古讽刺当今朝政的，知情不报的，限期不烧毁书籍的，统统受罚，轻则坐牢，重则处死。

李斯的做法有出于公心的地方——促进文化的统一；也有出于私心的地方——读书人越少，他的地位越牢固，没人跟他抢地盘。但这样的做法伤了读书人的心，所以后来当李斯被赵高陷害而被腰斩灭族的时候，没人替他说话。

听到李斯的建议，秦始皇拼命地点头，这个主意好！天下只有一个好声音就足够，那就是我——始皇的声音。读书太多，想法就多，要求就多。老百姓嘛，听话就行！安安分分种田养猪，读什么诸子百家，学什么文化典籍？

李斯同志，交给你了，尽快！

不到一个月，大量秦朝以前的书籍就化作了滚滚浓烟。在没有印刷术，只有孤本书的时代，很多宝贵书籍尤其是历史书籍就这么永远地消失了。

更令人寒心的是禁止办私立学校。想读书，就读法律书；想找老师，就去当地官府，以熟知法律制度的官员为老师（以吏为师）。官吏不会教给你其他思想，只会教你如何成为一个好奴才，坚定不移地执行秦始皇的命令。

从此，读书又成了少数人的专利。从这方面来说，时代在倒退。所以，整个秦朝优秀的文章少之又少，大家都不敢写，也不能写！

面对焚书的熊熊烈火，李斯可曾想过，没有民间私学的发达与普及，他怎么可能有机会跟随荀子学习？没有公平公正的人才选拔制度，他一个小小的仓库管理员又怎么能够一飞冲天？秦始皇又可曾想过，没有五湖四海的人才，他一个人怎能雄霸天下？坐稳天下，也得靠人才辅助啊！

坑儒坑的只是一小部分人（大多还是坑蒙拐骗的术士），而焚书焚的则是天下人读书的权力。焚书焚毁了普通人上升的道路，焚烧了大家的思想与创新，也焚化了秦国后代君王的人才储备库。

大家压抑苦闷的心情无处安放，怎么办？造反！“王侯将相宁有种乎”，喊出了底层人的心声：谁规定老百姓不能做大王？

秦始皇与李斯忘记了秦国崛起的原因：历代君王始终具有“全球”视野，吸引各国人才；始终谦虚低调，“直聘”优秀员工。现在他们却破坏了科学完整的人才培养与选拔制度，让天下的读书人寒了心。很快，秦朝二世而亡。

秦王朝的失败给后来的文人留下了很多创作题材，其中最有名的就是《过秦论》。

◆参考资料：

1. 陈振鹏、章培恒：《古文鉴赏辞典》，上海辞书出版社，2014 年 7 月第 1 版。

2. 司马迁：《史记》（传世经典文白对照 · 全 5 册），中华书局，2019 年 12 月第 1 版。

3. 郝立忠：《从“焚书坑儒”到“罢黜百家，独尊儒术”——兼论“罢黜百家，独尊儒术”的社会危害》，《武汉科技大学学报（社会科学版）》，2017 年第 3 期，第 233—248 页。

《过秦论》《治安策》——当眼光超越时代，总把跟头栽

“秦孝公据崤函之固，拥雍州之地，君臣固守以窥周室，有席卷天下，包举宇内，囊括四海之意，并吞八荒之心。当是时也，商君佐之，内立法度，务耕织，修守战之具，外连衡而斗诸侯。于是秦人拱手而取西河之外……”

贾谊在这篇文章中把事例论证和正反论证用到极致，具体事例和概略事例相结合，灵活运用四个对比：秦国本身先后的对比，先强后弱、先胜后衰；秦国与六国的对比，秦国势单力薄，六个国家实力强大；秦王与陈胜的对比，前者是雄才大略的帝王，后者是出身卑微的百姓；六国与陈胜的对比，一个有钱有人，一个没钱没人。

当年，六国合纵联合都干不过秦国，结果一夜之间，大秦王朝被出身卑微的陈胜、吴广干翻，为什么呢？因为秦王不施行仁政、不重视人才、不爱护百姓！

“仁义不施而攻守之势异也。”不要以为你统一天下，就能稳固江山，仁义跟政治是成正比的。仁义，你就稳定；残暴，你就完蛋。

焚书坑儒，控制文化，残暴不仁，埋没人才，国家怎么可能不灭亡？

贾谊又是谁呢？为什么那么多分析秦朝灭亡的文章，就属他的《过秦论》最有名？他到底有什么本事？

上天给了贾谊超高的智商，还派给了他一个知识渊博的老师——张苍。张苍是荀子的学生，非常喜欢图书、音乐和历法，在秦朝的时候就担任过御史，掌管宫中的各种文书档案，有点类似于皇家档案馆的馆长。后来，张苍因为触犯了法律，回到老家，不甘寂寞的他又跟随刘邦打天下，成了西汉的开国功臣。所以贾谊的起点比较高，年少的时候就因为能背诵诗书、写作文章而成了当地的红人。

河南郡守吴公直接“招聘”贾谊担任助理。在汉朝，三公、九卿、郡太守、县令等职位都由皇帝来任命，宰相下面的官员由宰相自己“招聘”，各地也由地方首长选拔人才来做基层官吏。中央及地方高级官员招聘有本事的人或者看着顺眼的人担任下属或者参谋（幕僚），称为“辟”“辟除”，让他们做做部长、省长或市长的秘书、助理、参谋什么的。如果做得好，被领导认可，就有机会通过汉朝察举制考试被推荐到中央，安排实职岗位。

贾谊没有辜负领导的信任，在他的辅佐下，吴公治理的河南郡安定繁荣，在“绩效考核”中被评为第一等，吴公因此被提拔为廷尉（中央最高司法审判机构长官），他极力推荐了助手贾谊。

小贾是个好同志，应该被重用！

汉文帝对贾谊进行一番考察后，立即征召他为博士。皇帝聘用社会知名人士到中央担任官职，称为“征”“特诏”，有可能给你个“顾问”（博士）的虚职，也可能给你个权力比较大的实职。

这个博士并不是现在的博士研究生，而是一种官职。在秦朝的时候，朝廷就选拔一些精通一门或多门学问的“学霸”们来朝廷参加国家大事的专题研讨会，由皇帝主持，大家畅所欲言，参政议政，说得好的人还有可能被提拔为高官。这些被请来的人有个统一的名字——博士。他们平时做做皇家图书馆的管理员（掌管全国书籍典章的官吏），有稳定工资，吃喝不愁的同时还能博览群书，日子过得有点甜。国家给他们正式编制，平时的主要工作就是编写书籍、保管文献以及参政议政。朝廷遇到问题了，请他们去讨论解决方案。这些人本来就是“学霸”，又经常接触普通人接触不到的书籍文献，眼界自然比较开阔。

秦朝的博士成了有政府固定编制的官吏，汉朝依然沿用了这种制度。

贾谊成了当时最年轻的博士，初生牛犊不怕虎，年轻创意无极限。每当皇帝出题让众位博士讨论解决方案时，其他人还没理解透彻问题的本质，贾谊就已经提出了解决方案，论说如滔滔江水连绵不绝。同事们脸上晶晶亮，身上透心凉。唉，从此黯然销魂者，唯我们而已！

汉文帝点点头，我可以和这个年轻人共创美好未来！

不到一年，贾谊被破格提拔为太中大夫，成了皇帝身边专管朝政议论的高级顾问。贾谊瞬间站上了人生巅峰，激情澎湃，干劲十足，鞠躬尽瘁，死而后已。他把自己的想法与观点化作一篇篇文采飞扬的奏疏（疏是大臣向皇帝陈述意见的一种文体，也称“奏疏”或“奏议”），其中就有著名的《过秦论》。除了饱含劝诫与分析的《过秦论》，他的文章更多是针对现实问题提出解决方案。

当时社会上流行做生意，王公大臣也参与其中，人们攀比吃穿用度，寻找来钱快的暴利项目并参与其中，导致田地荒芜，没人耕种。贾谊又写出了《论积贮疏》，提出重农抑商的经济政策，主张发展农业生产，加强粮食贮备。国家有粮，万事不慌啊！

汉文帝连声称赞，立即行动，亲自带头到田里示范耕种，并下令减少田租，鼓励生产。建议经常被皇帝采纳，这大大激发了贾谊参政议政的热情。他又将矛头指向当朝权贵与诸侯王们，这也给他后来的命运埋下了一颗定时炸弹。

当时，很多王侯贵族们都有自己的封地，却因为留恋大城市的繁华而赖在长安（今陕西省西安市）不走。封国再好，也没京城好啊！这些人有权有势，留在京城就会干预朝政，时不时弄点违法乱纪的事情。抓还是不抓呢？抓，得罪功臣；不抓，祸害百姓。皇帝干什么事情都因此束手束脚。而且王公贵族们底下还有一大帮人等着吃饭，导致京城的粮食供应极为紧张。

贾谊上书建议皇帝让王公列侯们到自己的封地去，即便本人在朝廷担任职务，也得派儿子去封地。

汉文帝点点头，这个主意好，立即执行！

从繁华大都市被赶往落后小乡村，王公贵族子弟们心里憋着气。撒在谁身上呢？皇帝肯定不行，只有那个大嘴巴的贾谊了。

尝到甜头的贾谊继续炮轰朝政中的各种问题，汉文帝频频点赞，准备提拔贾谊担任公卿（类似部长及以上的高官），却遭到了功臣王公们的极力反对。周勃、灌婴、张相如、冯敬等人在皇帝面前说贾谊的坏话："年少初学，专欲擅权，纷乱诸事。"年轻人会写几篇文章，就不知天高地厚，越权指挥，胡乱点评，影响了朝廷各项工作的正常开展和全国上下的精诚团结……

皇帝犹豫了，一边是功臣集团，实力雄厚，一边是心腹贾谊，势单力薄，怎么选？算了，先稳定自己的位子要紧！

汉文帝刘恒是汉高祖刘邦的第四个儿子，母亲薄姬原是别人的小妾，老公死了之后，成为汉军的俘虏。好色的刘邦对美女向来走过路过绝对不会错过，后宫不能空，薄姬跟我走！

激情燃烧的岁月一过，刘邦又开始寻找新的猎物。好在薄姬生下了儿子刘恒，皇帝的儿子，大小也是王，于是刘恒被封为代王。薄姬是谁，她从哪里来？刘邦根本想不起来。所以按照既定的程序，怎么也轮不到刘恒继承皇位。可是，“传奇女侠”吕后掌权以后重用吕家人，诛杀旧功臣，惹得一直追随刘邦的老臣们强烈不满。不能硬抗，那就苦等，终于等到吕后去世，陈平、周勃等人以迅雷不及掩耳之势彻底消灭了吕氏势力。

立谁为皇帝成了最紧迫的问题。选谁好呢？首先他的母亲必须势单力薄，否则有可能成为第二个吕后；其次他本人得宽容大度有贤德，否则刘家的天下依然保不住。于是，名声不错、行为低调的刘恒进入了他们的视野。

即位之后的汉文帝必然要小心处理与功臣、王侯的关系，他不可能与拥护他坐上帝位的功臣撕破脸，在功臣集团与才子贾谊之间，他肯定选择功臣，保全自己。龙椅还未坐稳之前，只能牺牲小贾同志了。贬他去偏远的地方，一来是为了保护他，二来是为了保护自己。

贾谊被外放，远离京城，担任长沙王太傅。那个时候的长沙远没有现在发达，跟长安差了好几个档次。带着郁闷与悲伤，贾谊上路了，经过浪涛滚滚的湘江，想起郁闷跳江的屈原，他愤愤不平，为什么？凭什么？在悲愤中，他写下了《吊屈原赋》。“彼寻常之污渎兮，岂能容夫吞舟之巨鱼？横江湖之鳣鲸兮，固将制于蝼蚁。”窄窄的小水沟，怎么能够容下巨大的鱼？横行江湖的巨鲸，出水后也会被蝼蚁欺压。

来到长沙，他一直尝试着通过上书的方式重新起航。所谓成也上书，败也上书。听说周勃被诬陷谋反打入大牢，贾谊不计前嫌，立即上书，建议文帝善待大臣；邓通利用严道铜山铸钱，吴王刘濞利用豫章铜山铸钱，导致“邓氏钱”和“吴钱”并行天下，眼光独到的贾谊又向文帝上《谏铸钱疏》，怎能允许私人铸钱呢？只会肥了私人腰包，苦了国家与百姓，必须禁止，否则后患无穷。

可是，他的旧船票已经登不上皇帝的新船，涛声依旧，一声叹息！

在长沙郁闷了三年，一只鹏鸟（猫头鹰，在古代被当作不祥之鸟）飞进了贾谊的房间，停在书桌旁边，眨巴着眼睛，仿佛在说，要不跟我走？想起潮湿的气候，看着不祥的鹏鸟，远离北方故土的贾谊伤心不已。我是不是快死了？是不是永远回不了京城了？他将无处安放的青春化作一篇《鹏鸟赋》。唉，也许是我多虑了，一只小猫头鹰有什么好让我担心的？"细故蒂芥兮，何足以疑！"

年轻就是资本，年轻就有机遇！

在打击削弱了周勃等功臣的势力以后，汉文帝想起了自己的心腹。小贾，你还好吗？过来叙叙旧！

君臣二人促膝长谈，贾谊兴奋不已，看来我又要火了啊！可是汉文帝"不问苍生问鬼神"，莫名其妙地探讨起鬼神、长生的问题。皇帝开启"点读"模式，我点你答！这可难不倒博学多才的小贾，文帝瞬间成为小"迷弟"，竖起大拇指：贾谊牌"点读机"，哪里不会点哪里！质量过硬，品质保证，我再也不用担心任何疑难问题了！

望着贾谊远去的背影，汉文帝对别人感叹道："我很久没看到贾生，自以为超过他了，今天看来，还是比不上他啊！"

从这句话中，我们隐约可以看出贾谊后面遭遇的蛛丝马迹。此时文帝的地位已经巩固，但也意味着唯我独尊的帝王心态开始成形，不太能够允许别人的光芒超过自己。贾谊的眼光向来犀利超前，能够发现别人发现不了的问题，解决皇帝都难以解决的问题。

有你在，我感觉自己不存在！

汉文帝下令让贾谊改任梁怀王太傅，官职一样，地点不一样了。梁怀王刘揖是皇帝最宠爱的小儿子，封地也离京城长安更近，也算是对才华过人的贾谊给予精神上的安慰。

去了梁国，贾谊依然不忘初心。看到逐渐强大的匈奴时不时骚扰大汉，诸侯王又因权力过大而野心勃勃，接连有淮南王、济北王等人阴谋叛乱，内忧外患，该怎么办呢？他深入思考，写下了著名的《陈政事疏》（即《治安策》），围绕匈奴、制度、诸侯王等三大现实问题展开论述，提出诸侯强大必定反叛的观点，给出极为巧妙高超的解决办法——众建诸侯而少其力。多分封诸侯国而分解他们的土地与权力，把大诸侯国的土地分封给更多的人。一块蛋糕分的人越多，每个人得到的就越小，若干年以后，大诸侯变成小诸侯，小诸侯变成小小诸侯，谁还有实力跟朝廷抗衡？

妙招，高招！这就是后来汉武帝时期著名“阳谋”——推恩令的最初原型。

可惜，当时的朝廷还没有解决诸侯问题的实力，加上汉文帝谨小慎微，不喜欢冒险，因此没有实行。

只要不死，总有发挥才能的机会，可惜一次意外让贾谊彻底失了魂。

有一次，他跟随梁怀王去长安，走到半路，梁怀王刘揖一不小心跌落马下，稀里糊涂地死掉了。身为太傅的贾谊目瞪口呆，这可如何是好？

从此，他整天以泪洗面，陷入无限的自责之中。我怎么这么没用？一个梁王都照顾不好，还能干什么？想起自己一肚子才华估计再也无法施展，他每天郁郁寡欢，唉声叹气。

第二年，三十三岁的贾谊追随梁怀王离开了人间。贾谊短暂的一生犹如一颗恒星嵌入了茫茫宇宙，即便千年以后依然光辉闪耀。

他的主张与思想，被后来的一个猛人发扬光大。

◆参考资料：

1. 司马迁：《史记》（传世经典文白对照·全5册），中华书局，2019年12月第1版。

2. 张振龙、胡上泉：《贾谊生平交游考论》，《学术交流》，2022年第1期，第173—181页。

3. 班固：《汉书人物全传》，时代华文书局，2014年8月第1版。

《论贵粟疏》《削藩策》——我是第一我怕谁

考试第一名即将揭晓，皇帝大臣们拭目以待，考生文人们窃窃私语，第一名会是谁呢？

“啊，是他，是他，就是他！”

“原来是太子家的晁老师，难怪这么厉害！”

众人心服口服，因为晁错的大名早已威震天下。

公元前165年，汉文帝举办的第二次“贤良方正”科考试，吸引了来自全国各地的一百多名顶级“学霸”。晁错的《举贤良对策》横空出世，被公认为第一。朝野轰动，谁与争锋？

晁错出生于颍川（今河南省禹州市），年少的时候跟随张恢学习先秦申不害和商鞅的法家思想。因为聪明好学，精通法家思想，被人举荐进入教育部任了一名基层官员（太常掌故），后来太常（汉代掌礼仪祭祀兼管文化教育的高级官员）觉得小晁同志聪明伶俐又勤奋刻苦，派他跟随“先秦活化石”伏生学习《尚书》。汉文帝千叮咛万嘱咐，务必将《尚书》弄懂学会！晁错果然有一手，将几乎失传的《尚书》抄录下来，带回朝廷，他也因此成了博士，进入皇帝的参谋与顾问团队。

在皇帝身边，只要有本领，就有大量表现的机会。

他闲来无事，写了一篇文章——《言太子宜知术数疏》，建议皇帝对太子进行岗前培训，让太子提前掌握治国理政的技巧，否则从职场小白坐上“总裁”龙椅，很难坐得稳。汉文帝看了文章很高兴，有道理，太子就交给你了！于是任命晁错担任太子府大总管（太子家令），太子刘启称其为行走的“智囊”。

汉文帝在治理国家的过程中遇到了很多困惑与疑问，于是命令大臣们积极推举贤良、方正、文学之士。西汉初期，百业待兴，急切需要各式各样的人才振兴国家：会写文章的，会教书的，能打仗的，懂法律的，能治国的……既要从底层选拔人才，又要从基层官吏中选拔能人。

秦末战乱，天下纷争。公立的、私人的教育基本都停止了，学问精深的人比大熊猫还要稀少。偌大的国家总要有人来管理啊！那些功臣们砍人很猛，治国未必猛，而且在战争中成长起来的那帮人，一个个功高盖主、趾高气扬。如张良等有本事的人不是功成身退了，就是七老八十了，朝廷从上到下具体繁杂的工作总得让有文化的人来干吧！皇帝们急需重新起用一些底层的人才，这些人最听话也最好用。

怎么找到并任用那些有本事的人呢？怎么培养有利于王朝统治的人才呢？

刘邦及其继承者们伤透了脑筋，想方设法挖掘、招聘人才，由刚开始的征辟制度、任子制度，逐步发展形成了科学有效的察举制度。皇帝命令有一定级别的大臣们按照要求推荐专业性的人才，然后进行笔试、面试，再由皇帝“直聘”。这样的招聘考试效率很高，底层的读书人往往能一步登天，占据天下时事新闻大头条，这强烈地刺激了大家读书学习的热情与欲望。

刘邦发布过一份著名的招聘公告《高帝求贤诏》：“贤士大夫有肯从我游者，吾能尊显之。布告天下，使明知朕意。”

汉文帝也发布过招聘广告：“诏诸侯王、公卿、郡守举贤良能直言极谏者，上亲策之，傅纳以言。”对应聘者提出了更为明确的要求：贤良方正，直言极谏，“以匡朕之不逮”（《汉书·文帝纪》）。

什么意思呢？就是让大臣与地方官员们举荐公正无私、敢于直谏、学识渊博的人，让他们提出治国的具体建议与方略。儒生、百姓、官吏都有机会被聘，只求勇敢斗士，不需要好好先生，皇帝就是要从下面选一些敢讲话的人。后来，贤良方正与直言极谏成为汉代察举制度的重要考试科目。

为了考察应聘者的真才实学，汉文帝创造性地制定了笔试环节——策问。皇帝亲自出题，题目主要是国家目前有哪些问题和失误、老百姓有什么想法等，考生在竹简上写出命题作文。这相当于现在公务员考试中的申论，不是让你发牢骚，而是要提出切实可行的解决方案。接着，考生的文章被密封起来，交由专人保管，防止作弊。最后，皇帝亲手拆开密封卷，批阅打分，再根据分数高低安排相应岗位。

汉文帝相当于考试研究中心主任、出题专家、阅卷小组组长、面试主考官，后来科举制度中的殿试环节就是由此演变而来的。策问的考试形式大大刺激了汉朝文人们写作政论散文的热情，因为一篇好文章立马可以换来官位和钱财。

文帝组织了两次大型招聘会，一次在公元前 178 年，一次在公元前 165 年。第二次有一百多个人参加考试，得分最高的就是晁错，汉文帝直接任命他为中大夫（掌管朝廷议论，负责评论与建议）。从此，晁错如同大鱼来到了海洋，接连写出几十篇政论文，指出政府的失误，提出改革的方案，思考国家的未来。汉文帝与太子都笑了，有此奇才，怎会心塞?

晁错并不像普通的文人，只发牢骚不干事，他能针对国家存在的各种问题提出有效的解决方案:《言兵事疏》提出如何主动出击匈奴，《守边劝农疏》和《募民实塞疏》提出如何建设边疆。汉武帝时期的军队屯田制度、三国时曹操的屯田策略都受其影响。

晁错最出名的文章就是那篇《论贵粟疏》。

西汉初期，鉴于秦朝的苛政酷刑，刘邦采取了休养生息、降低税收的政策，不打扰百姓，不搞形象工程，让大家自由地发展与创新，农业、商业飞速发展。只要挣到钱，就能买到地、买到官，社会上渐渐形成了拜金主义氛围。人们纷纷放下锄头，跑去经商，挣到钱以后又拼命买地买房，导致大量农民失去土地，到处流浪，矛盾激化，随时有爆发起义的危险。

有人开垦土地，有人煮盐炼铁，有人从事手工业，迅速积累了大量财富。看着老百姓发财致富，腰包渐鼓，各路诸侯眼红了。我们有土地有队伍更有权力，凭什么不自己赚钱?于是他们借助权力，拼命敛财，其中最为突出的就是吴王刘濞。他是刘邦的侄子，被封为吴王。借助吴国的地理水路优势，刘濞以“流氓”的方式抢占市场，垄断了煮盐、炼铁、铜矿、钱币等来钱最快的行业，工业、商业、金融一把抓，天天数钱笑哈哈!

富起来的刘濞一上来就是大手笔，免除吴国的农业税，种地才能收到几个钱?农民们拍手称快，我的眼里只有你，吴王，皇帝怎能比得上你!

钱财、粮草、人才、民心都有了，干吗听你中央王朝的?凭什么你做皇帝，我就做不得?皇帝时不时收到吴王最近挺膨胀的消息，他准备灭灭吴王的气焰!

但中央没钱啊!

大家都忙着赚快钱，全国大量土地无人耕种，粮食收不上来。边疆的军队为了抵抗匈奴入侵，每天耗费大量的军粮，国家粮食安全受到严重威胁。汉文帝节衣缩食，舍不得吃，舍不得穿，衣服缝缝补补。堂堂的一个皇帝，过得还不如诸侯王家里的一个佣人。

怎么办?

智商极高的晁错想到了绝招，给汉文帝上了一道奏疏——《论贵粟疏》。晁错运用古今对比、农夫与富商对比、五谷杂粮与珠玉金银对比、法令条文与实际情况对比，一针见血地指出了土地兼并、聚敛财物的做法导致的一系列严重问题。随后提出了解决问题的妙招：重农抑商、入粟拜爵。

在小农经济社会，必须要重视农业，让老百姓安心地在田间地头劳作。这样他们就不会四处流窜，出来造反，国家才能平稳地向前发展。

入粟拜爵的方法以极快的速度完美地解决了国家粮食短缺的问题。晁错建议，无论是谁，都可以用粮食换取爵位、减免刑罚。他又将爵位分为不同等级，一个爵位多少石粮食，每一级爵位又有相应的优待条件，采用市场化、低成本运作方式，价格透明，买卖公平。汉朝初期，商人不能穿丝绸衣服，出门不能坐马车，有钱也没地方花。现在好了，只要献出一定的粮食，在高调消费的同时，还能换取爵位光宗耀祖。

这些爵位都是虚职，没有实权，相当于政府颁发的“捐粮先进个人”荣誉证书，对于皇帝来说，要多少就可以给多少。

晁错利用人们的虚荣心刺激消费市场，从有钱人手中把粮食弄过来，而有钱人又会用钱去买粮食，你买我买大家买，抬高了粮食的价格，商品供不应求，又刺激了大批农民返乡种地。那些没有机会和能力做生意的普通农民拼命种粮食，说不定将来有多余的，也能换个爵位显摆显摆。

入粟拜爵让重农抑商政策瞬间得到贯彻落实，朝廷也很快获得了源源不断的粮食，彻底解决了边关粮食短缺、国家财政匮乏等问题。国库充盈，皇帝无忧，无论哪里有灾害，都可以不慌不忙地调度赈灾。钱包鼓起来的汉文帝大笔一挥，下令减少全国的田赋，你们好好耕种，我们不收重税，他又一次收获了民心。

一个绝招，让国家的发展进入良性循环状态。

牛人往往能站在时代的最前沿，看到历史发展的大趋势，提出最佳的解决方案。很多大臣越来越不喜欢晁错，原因很简单，你的光芒遮盖了我们，天天在那里指手画脚，就你能！就你会表现！

更令大家眼红的是，太子刘启一登基，立马提拔重用晁错，对他言听计从，说什么都照办。“部长”们着急了，丞相们惊呆了，晁错那厮一人抢了我们所有人的饭碗，必须找碴，让他下台！

但他一心干工作，没犯什么错啊！丞相申屠嘉找来找去，也没找出像样的理由，最后凑出来一条：晁错曾经为了走路方便，命人凿开了太庙（皇帝们祭祀祖宗的地方）的一面墙，装了小门。

这算什么罪？算，也不算！

如果晁错失去皇帝宠信，这条罪过可以被放大到无穷大：对先皇们大不敬，对皇帝不尊重，目中无人，阴谋造反……

多少埋头干事的业务骨干都被这些不值一提的小失误给撸掉了？申屠嘉及众大臣强烈要求皇帝处死晁错！太狠源自太恨。

幸运的是，目前大领导非常信任晁错，所以帮他说话：他打掉的不是太庙的墙，而是庙外空地上的围墙，不犯法啊！

皇帝说不是那肯定不是！申屠嘉一声叹息：完蛋了！应该来个先斩后奏，杀了晁错那小子再向皇帝报告。心情郁闷的宰相很快病死了。

晁错又被汉景帝刘启提拔为御史大夫（类似于最高人民检察院检察长），成为跟丞相平起平坐的“三公”之一。但升得太快，跌得也猛。

为了国家的前途与未来，晁错强烈建议汉景帝削减诸侯国的封地与权力，他写了著名的《削藩策》：“今削之亦反，不削亦反。削之，其反亟，祸小；不削之，其反迟，祸大。”再不削他们，他们就会来削你！迟削不如早削！

他说出了汉文帝、汉景帝两代帝王内心的担忧。

景帝心里痒痒了，但他也明白削藩意味着什么。

景帝先让大家讨论讨论，统一思想再行动。他命令王公大臣们集体讨论，可是没人公开表示反对。一来是因为大家知道这是皇帝本人的意思；二来是因为晁错嘴巴太厉害，思维太活跃，没人说得过他；三来是众人想等着看好戏：晁错一天到晚写议论文，建议这个，批评那个，激起诸侯王反叛，看他死不死？

谁都明白，削藩的命令一下，晁错将与天下诸侯王为敌，不死也得被扒层皮。晁错的父亲哭着劝说儿子，你自己不想活，也不要把全家人往火坑里推啊，停手吧！

削藩有利于国家的长治久安，我，万死不辞！

晁错一心扑在工作上，佛挡杀佛，魔挡斩魔。不是恩泽后世，就是粉身碎骨。

汉景帝迫不及待地颁布了诏令——削藩，减少诸侯王的封地，收归他们的权力。一石激起千层浪，诸侯王们统统反对。本来我可以享受人生，你竟然鼓动皇帝剥夺我们的权力！

反对！

反对无效！

反叛！

诏令下达十多天，七个诸侯国就在吴王刘濞的率领下，打着“诛晁错、清君侧”的口号联合反叛，史称七国之乱。在这么短的时间里，就能迅速集结大军，哪里来的那么多武器，哪里来的那么多粮草？所有人都能想明白，不削藩意味着什么。诸侯早已壮大到可以随时起兵的程度，“清君侧”只不过是冠冕堂皇的借口。

汉景帝慌了，大臣们怒了。此时，大臣们不是团结一心抗击叛乱，而是趁火打劫弄死晁错。有人立刻向景帝推荐在吴国当过丞相的袁盎，此人长期潜伏在敌人内部，何不听听他的建议？

袁盎曾经被担任御史大夫的晁错查出私自接受吴王刘濞的贿赂，依法应该被处死，后来景帝下令赦免，把他贬为平民，他就跑到了诸侯国混饭吃。打击贪污腐败本是御史大夫的职责所在，袁盎却不这么认为，如今他翻身做主，不弄死晁错誓不罢休。他给景帝献计：“七国叛乱不过是为了诛杀晁错，恢复原来封地。您只要马上杀掉晁错，赦免诸侯王的叛乱之罪，就可以不战而胜。”

景帝十分纠结：建议是晁错提的，可那是我的想法，杀掉他，天下人该如何看我？如果杀了他，诸侯王们还不退兵，岂不冤枉？但如果杀了他，诸侯王们真的退兵，岂不赚大发了？唉，他一家人枉死也没多大损失，即使不能让七国退兵，也能打消他们的借口。

老晁，对不起了！

汉景帝犹豫了很长时间，同意了。他提拔袁盎，派他秘密出使吴国。墙倒众人推，早就痛恨晁错的大臣们联名上书，杀晁错，灭全家！

景帝又慌了，反对的人居然这么多？这些人刚开始怎么不说，可恨！但又能怎么样呢？只能杀掉晁错平息朝廷内外的愤怒了！稳住自己的位置才是当务之急。

晁错平时埋头干活、认真工作，却得罪了一帮人。如果遇到力挺他的领导，自然可以做工作能力突出的独行侠，但遇到嫌弃他的领导，他就是不懂人情世故的大傻瓜。所以跟对人很重要！

汉景帝派人到晁错家，骗他说要找他谈工作。一听到工作，晁错想也没想，穿上工作服（朝服）就跟着出去了。走到半路，来人立刻黑下脸，露出诡异阴险的笑容："晁错接旨，皇帝命令，将你砍成两截（腰斩晁错），灭了你全家！"

可怜的晁错还穿着工作服，一心想着如何帮助汉景帝平定叛乱，却在懵懵懂懂之中成了替罪羊。皇帝，你怎么能这样，怎么能这样啊？无助、无奈、愤怒、悔恨充斥了晁错的心。他的眼睛红了，一代能臣干将就这么悲惨地死去了。

诸侯王退兵了吗？

根本不可能。

前线军官邓公前来向皇帝汇报军情：诸侯王早就准备了兵马粮草，"清君侧"只不过是借口。杀了晁错只会堵住忠臣的嘴巴，以后谁还敢说实话，谁还敢办实事呢？

唉，老晁，不好意思了！

汉景帝这才下定决心讨伐叛乱，不到三个月就取得了胜利。

有人评价晁错急功近利，不等到时机成熟就建议汉景帝削藩。那什么时候是时机成熟呢？等到诸侯国都发展壮大到无法抗衡的时候？不能看到七国造反，就把责任都推给晁错。

晁错的削藩建议其实并不急躁冒进，如果汉景帝始终坚定地支持他，敢于承担责任，与他并肩战斗，击退七国之乱，晁错将是大功臣。汉景帝杀他也就罢了，还把他全家杀了。"文景之治"过分夸大了景帝的作用，生而为王，实在抱歉！

在反复无常的君王手下工作，一不小心就会跌入深渊，万劫不复，司马迁就是一个活生生的例子。

◆参考资料：

1. 班固：《汉书》（全4册），中华书局，2012年4月第1版。

2. 司马迁：《史记》（传世经典文白对照·全5册），中华书局，2019年12月第1版。

3. 刘明：《粮食安全与晁错〈论贵粟疏〉》，《寻根》，2020年第6期，第13—18页。

《报任安书》——说句公道话有错吗

公元前110年，汉武帝到泰山举行封禅大典，这是皇帝搞的大型营销策划活动。封禅大典最主要的目的就是向上天（其实就是向天下人）炫耀自己的政绩如何显赫，我这个皇帝如何厉害什么的。最终是想传达这样一个信息：我是上天派下来保护大家的，你们看我做得这么好，还不乖乖听话，还不感恩戴德？

有幸主持及参与组织皇帝最重视仪式的人不仅有面子，更会有位子。但身为参与制定封禅计划的太史公司马谈却在半路染上重病，留在了洛阳（今河南省洛阳市）。没能亲自见证盛世大典，他遗憾不已。想到自己命不久矣，他心有不甘，因为他还有一件大事没有完成。

他将儿子司马迁叫到床边，交代后事。

自从周幽王、周厉王以后，王道衰落，礼乐崩坏，君王们忙着争霸，大臣们忙着争利，没人重视历史的编修工作。好在孔子凭借一己之力完成了《春秋》的编写工作，成为后世学者们的榜样。但是自从战国以后，今天你打我，明天我攻你，大量有价值的史书在战争中丢失损毁，朝代事迹的记载也中断停止了。

秦汉之际，四海统一，英雄辈出，却无人重视历史文献的收集与整理工作。司马谈担任太史公以后，掌管国家图书典籍、天文历算并兼管文书和记载大事，接触到大量的古籍文献，广泛阅读各种资料，收集第一手资料，总结历史经验。他的心底深处渐渐产生了一个宏伟的目标——撰写一部通史，为那些有名的、无名的英雄立传，点评他们的人生，启迪后人的智慧。

但是，他已经没有精力来完成这项伟大的事业，只能寄希望于儿子司马迁。

握着父亲干枯无力的手，司马迁泪如雨下，用力地点点头，说道："我虽然并不聪明，但是一定会将父亲编写的历史继续写下去，绝不敢有丝毫的懈怠与缺漏!"

司马谈欣慰地闭上眼睛，他相信儿子能够完成他的遗愿。

司马迁十岁便能熟读《尚书》《左传》《国语》等，长大以后，又带着收集古事、网罗旧闻的目的游历天下，从南走到北，从白走到黑，走遍千山和万水。他考察历史人物的故乡，亲历群雄争霸的战场，打听游侠刺客的传说，观看五湖四海的风光。

读万卷书，行万里路之后，司马迁回到京城担任郎中（储备干部），基于工作原因又出使了各个地方，丰富了阅历，开阔了眼界。在长安任职的时候，他还结识了很多文人雅士，比如董仲舒、孔安国（孔子的后人）等。大家相互切磋、探讨各种学术问题，加深了司马迁对历史与现实的理解。

一切准备就绪，司马迁信心满满。我的书籍我做主！我要用最高的标准与要求来完成父亲的遗愿，编写一部从来没有过的史书，一部能够名扬天下、继往开来的史书。

摩拳擦掌，夜以继日，埋头苦干，司马迁的斗志犹如一团熊熊燃烧的烈火。

可是一场飞来横祸把他拉入了“冰河世纪”。

当时，匈奴人在作死的路上越走越“嗨”，扣留了大汉使臣苏武。来了，就别想走了。汉武帝勃然大怒，这还得了，竟敢扣押我大汉的使者？直接攻他，让他一次“嗨”个够！

武帝立刻命令贰师将军李广利统领几万骑兵征讨匈奴，让李陵担任李广利的“运输大队长”，负责运输粮草。李广利是汉武帝当红宠妃李夫人的哥哥，军事才能很一般，但他有个好妹妹。李陵是飞将军李广的孙子，是名将之后，善于骑射，武功高强。

让我当“关系户”李广利的“运输大队长”？丢人，丢人！年轻气盛的李陵感觉人格受到了侮辱，好男儿就该与匈奴真刀真枪地干。于是他向皇帝请求：“让我也率领队伍出征！”

汉武帝看出了李陵的小心思，你是耻于做贰师将军的属下吧？出兵可以，但是朕没有多余的马匹装备拨给你。

自信过头的李陵立功心切，拍着胸脯说道：“不需要战马，臣只要五千步兵，就能直捣单于大本营。”

嘿，好小子，有他爷爷当年的风采！汉武帝高兴地答应了。

但是就算是哪吒闹海，也得配上无敌风火轮啊！孤军深入的李陵低估了敌人的战斗力，他内无粮草，外无援兵，最后被匈奴兵重重包围，拼得只剩十几个人。看着黑压压的匈奴军队，李陵仰天长叹，即使冲出重围，回到大汉，又能如何？当年爷爷李广战功显赫、一身本领，却始终未能封侯，如今背负家族振兴期望的他已无立功封侯的可能，回去又能干什么呢？有何脸面去见皇帝呢？见了又能说什么呢？在失败的事实面前，辩解永远是苍白无力的。

李陵下马投降了。

事情传到朝廷，汉武帝不敢相信自己的耳朵，李广的孙子竟然投降了？可是事实摆在眼前。他愤怒了，善于察言观色的大臣们纷纷落井下石，大骂李陵："什么东西，丢尽了李广家的脸面，呸！"

汉武帝雄才大略，并不会轻易听信别人的说法。他召问始终沉默的司马迁，小马，你怎么看？

司马迁和李陵虽然同朝为官，但是交往不深，平时连酒都没一起喝过。想到这几天皇帝为了李陵投降的事情茶饭不思，心情郁闷，他想劝说几句，宽慰汉武帝。熟读史书的司马迁明白谗言的龌龊，不愿意看到当今的朝廷形成落井下石的坏风气，别人一有过错，就全盘否定其功劳，这样很不好，以后谁还敢做事呢？

于是他说道："臣平时观察李陵为人，他孝顺父母，爱戴士兵，讲究信义，每次战斗都奋不顾身，获得战功无数。如今他只带领五千步兵，深入敌营，惨遭包围，已经拼尽全力。他最终投降，是不是有难言之隐呢？也许是为了以后借机逃跑，回归大汉呢？"

汉武帝渐渐冷静下来，当初李陵急于求成、立功心切，他却没有阻止，只给了那点兵！当李陵被敌军包围时，无人相救，被逼无奈而暂时投降，也情有可原，要不等等再说！

不料，一个从匈奴逃回来的俘虏报告说，李陵正帮助单于练兵（后来查明，是一个叫李绪的人），准备对付汉军。

什么？汉武帝的怒气彻底爆发了，不管三七二十一，将李陵的兄弟、妻子杀了个干干净净，一个不留。

正在气头上的汉武帝又将怒气发泄到与李陵相关的人身上，司马迁首当其冲。皇帝心想，这家伙之前极力为李陵开脱，是不是跟他有私交？是不是也想等待机会跑去匈奴？是不是对朕的小舅子、贰师将军李广利有意见？平时你总是坚持"实录"原则，几代皇帝的缺点你都毫不遗漏地记下来，暗示了你几次，脑袋就是不开窍，半点面子都不给朕，死了也好！（葛洪《西京杂记》记载，司马迁作《景帝本纪》，极言其短，及武帝之过，帝怒而削去之。后坐举李陵，陵降匈奴，下迁蚕室。）

汉武帝大笔一挥，判了司马迁诬罔罪，就是欺骗皇上的罪，从严惩处，按律当斩。司马迁当然不服，是你主动问的，难道我不回话？难道我只能落井下石吗？我与李陵并无交情，也无关系，说出心里的真实想法怎么会是欺君罔上？

一切都晚了！皇帝一声吼，天下抖三抖，皇帝要你死，你得抓紧死。但是父亲的遗愿怎么办？毕生的理想怎么办？就这样死了，值得吗？

死有重于泰山，有轻于鸿毛。我要活下去，无论如何也得活下去！

根据西汉的法律，有两种情况可以免除死罪：一是以钱赎罪，二是接受腐刑（即宫刑）。司马迁并非富二代，只是工薪族，到哪里去凑那么多钱？朋友们现在都躲着他，生怕受到牵连，更不可能借给他钱。

无奈之下，他只能接受第二种选择——腐刑。对男人来说，这是奇耻大辱。

即使受了腐刑，也不可能立即被释放，还得在牢里待上一段时间。司马迁的思想激烈地斗争着，别人异样的目光与不解，刻薄的讽刺与挖苦，让他几次三番想过自杀。如果不是编史的任务没有完成，他岂能不清楚大丈夫宁可站着死，也不跪着生？岂能不知道身体发肤受之父母、士可杀不可辱？

他没有精力去思考世俗的议论，没有时间在意别人的目光。以前修史是为了完成父亲的遗命和出于对成名的渴望，但是现在他有了更深层次的考虑。

首先，他想一雪前耻，为自己争一口气。对于一个男人来说，腐刑带来的精神折磨胜过肉体折磨，“太上不辱先，其次不辱身，其次不辱理色，其次不辱辞令，其次诎体受辱，其次易服受辱，其次关木索、被箠楚受辱，其次剔毛发、婴金铁受辱，其次毁肌肤、断肢体受辱，最下腐刑极矣”。

他要完成一部伟大的著作，让后人明白他的良苦用心。我不是怕死，而是怕死得没有价值，“恨私心有所不尽，鄙陋没世，而文采不表于后也”。

其次，他希望实事求是，揭开历史的真相。他要弄清人类社会发展的内在规律，重新审视现实、法律、历史、道德、功名等，“究天人之际，通古今之变，成一家之言”。在坚持充分尊重客观历史的同时，融入个人的情感与观点，为那些处于底层的“草根”、遭遇陷害的英雄、百折不挠的斗士们呐喊发声，让那些善于伪装的人原形毕露，让那些成王败寇的观点黯然失色，让那些是非不分的人无所遁形。

小人物也能成就大事业，大人物也有残缺的另一面！我要实录、直播每个人物的优缺点！

司马迁也在那些与自己有着同样遭遇的历史人物身上汲取了精神力量：“盖文王拘而演《周易》；仲尼厄而作《春秋》；屈原放逐，乃赋《离骚》；左丘失明，厥有《国语》；孙子膑脚，《兵法》修列；不韦迁蜀，世传《吕览》；韩非囚秦，《说难》《孤愤》；《诗》三百篇，大底圣贤发愤之所为作也。”

哪一个功成名就的人不是历经苦难，哪一个写出伟大著作的人没有遭遇过挫折？身处逆境，百折不挠，坚持不懈，才是男儿真正的本色！身体的残缺好过思想的匮乏。

从此，司马迁活着，只为了一个目标——撰写《太史公书》。无论遇到什么事，都不能停止，绝不能放弃。

出狱之后，汉武帝也许是出于同情，也许是出于赏识，也许是出于补偿，提拔司马迁为中书令，掌管机要诏令和奏章，地位非常重要。但是司马迁心里不是滋味，中书令一般由宦官担任，难道皇帝真的把我当成了太监？我忍辱负重、屈辱求生，难道是为了这个职位？唉！罢了，罢了，现在没有什么比写书更重要，正好可以利用职位，调阅各种宫廷资料、历史秘闻。

跟讥笑挖苦我的小人辩解，就是浪费时间，浪费生命！

坚持，彷徨，坚持，悲伤，再坚持……

经过多年夜以继日的努力，司马迁终于完成了一部史无前例的通史，包罗上下三千年的政治、经济、军事、文化、天文、地理等，创造了本纪、表、书、世家、列传五种体例，它们互相配合，互相支撑，形成一个完整的系统。这部通史抛开了官方的条条框框，越过了皇帝的种种规定，勇敢揭露统治者们的阴暗面，热情赞扬“草根”们的闪光点，极力歌颂农民起义，冷静分析是非功过，客观公正地对待每一位历史人物。

这部书包括十二本纪（历代帝王的故事）、三十世家（世袭封国贵族侯王的事迹）、七十列传（重要人物的言行事迹，最后一篇为自序）、十表（历史大事件的年份表）、八书（各种典章制度，音律、历法、天文、封禅、水利、财税等），总共一百三十篇，五十二万余字。

纵横上下三千年，点评古今无数人。

小心翼翼地摸着层层堆起来的竹简，闻着竹简时时散发出来的墨香，司马迁泪如雨下，嘴唇颤抖。完成了，终于完成了，一切忍辱负重，一切卑微苟活都值得了。可是兴奋过后，他又陷入深深的悲哀，身体仿佛瞬间被掏空，现在活下去的动力和理由是什么呢？他每天恍恍惚惚，吃完饭不知道该干什么。“肠一日而九回，居则忽忽若有所亡，出则不知其所往。每念斯耻，汗未尝不发背沾衣也。”

就在此时，朝廷中发生了著名的巫蛊之祸。汉武帝在奸人的挑唆下大开杀戒，将屠刀对准了自己的儿子——太子刘据。一时间，长安城血流成河。后来经调查发现，太子并未谋反，而是被人陷害。勃然大怒的汉武帝为了给儿子报仇，也为了逃避自己的责任，又大杀四方，牵连多人，长安城尸体堆积如山，监狱里人满为患。

司马迁的好友、北军使者护军（监理京城禁卫军北军的官）——任安被判腰斩，他认为自己特别冤。早在判刑之前，他就写过信给司马迁，希望好友能在皇帝面前美言几句，推荐自己。司马迁当时并没有回信，我一个受过腐刑的人又有什么资格推荐别人？他早已放弃一切，埋头写作，不问世事。

如今著作基本完成，任安身陷牢狱。司马迁深知汉武帝的为人，他是野兽和王者的结合体，宽容大度却也杀伐果断，冷静理智却也喜怒无常，在他手下做事，说不定哪天，头突然就没了。现在他一心为儿子报仇，早已杀红了眼，怎么可能听得进别人的意见？当年，司马迁只为交情不深的李陵说了几句公道话，就惨遭横祸，何况是交情不浅的任安呢？

司马迁提笔写了一封长信——《报任安书》，为迟迟没有回信表示歉意，接着说明自己受到腐刑，早已不是士大夫，无法参与朝议，人微言轻，说话肯定不会有人听。想当年，自己为朋友两肋插刀，一心为公，却惨遭宫刑，无人理解。我忍辱负重地活着，不为荣华富贵，不为苟且偷生，而是为了完成一部贯通古今的史书，为了能让世人理解自己的遭遇与痛苦。

现在的我，每天坐在家里，精神恍惚，仿佛丢了魂。出门不知道从哪里走，到哪里去，人生失去了方向，失去了目标。像我这样犹如行尸走肉的人，还有什么资格推荐别人？还有什么脸面义正词严？最关键的是，皇帝只把我当太监，我说话又有谁听呢？

连生活的热情都没了，哪还有为别人呐喊的激情？

写完《太史公书》的司马迁仿佛人间蒸发，没有了消息，失去了音讯，没有人知道他去了哪里，也不知道他是什么时候去世的。他已经到达了忍耐的极限，做好了最坏的打算，他用一部伟大的作品表达了所有的愤恨、悲伤、抗争与思考。但是，他以直录客观的精神写了汉朝几位皇帝不为人知的阴暗面，导致书籍很难在汉武帝时期流传开来。他只能藏之深山，留给后世。

司马迁的女儿嫁给了大臣杨敞，生下两个儿子——杨忠、杨恽。杨恽自幼聪颖好学，从母亲那里得到《太史公书》，越看越上瘾，越看越喜欢，每一篇文章都布局严谨，每一个字词都饱含深情，每一个人物都活灵活现，每一次阅读都热泪盈眶。这么好的作品怎能埋没深山？如此伟大的著作怎能销声匿迹？等到因为巫蛊之祸而流落民间的汉宣帝继位以后，政通人和，皇帝仁爱，被封为平通侯的杨恽感觉到，是时候让祖父司马迁的伟大著作重见天日了。

他上书宣帝，献出《太史公书》。从此，中国第一部纪传体通史——《史记》（原名《太史公书》）名扬四海，笑傲古今。《史记》既有好看的故事，又有美妙的文字，被后人称为“史家之绝唱，无韵之离骚”。

拒绝别人的要求需要智慧，司马迁用《报任安书》拒绝朋友，而李密用《陈情表》拒绝皇帝，并用实力证明，才华是可以当饭吃的。

◆参考资料：

1. 马玉容、蒋经魁：《“李陵之祸”及其对司马迁的思想影响》，《天中学刊》，1994 年第 1 期，第 72—78 页。

2. 雷戈：《隐情与玄机：司马迁之狱的背后》，《学术月刊》，

2008 年第 10 期，第 121—127 页。

3. 张新科：《毅力胜挫折、心血铸长城——从挫折心理学角度看司马迁的创造意识》，《陕西师大学报（哲学社会科学版)》，1994 年第 1 期，第 7 页。

4. 中华书局编辑部：《名家精译古文观止》，中华书局，1993 年 2 月第 1 版。

《陈情表》——他用实力证明，才华是可以当饭吃的

李密是三国末期、西晋初期的人物，跟隋朝末年瓦岗军领袖李密不是一个人。他的祖父李光担任过太守，因此他有识字与读书的条件。但他运气不好，出生六个月时父亲就去世了，四岁的时候母亲又改嫁他人，他成了一个孤儿。祖母看他挺可怜，就拖着年迈的身躯将他留在身边抚养。

也许是因为营养不良，又缺乏父母疼爱，李密从小体弱多病，身体的各个零部件时不时运转不灵。但是他特别好学，不论何时何地，都不忘读书，认真研究儒家经典书籍，尤其精通《春秋左氏传》。在文盲比较普遍的古代，能精通一部书籍就是大师了，他更是大师中的大师。

李密特别孝顺与他相依为命的祖母。老人家一生病，他就会日夜守在旁边伺候，晚上连衣服都不脱，就是为了在发生突发事件的时候能迅速反应。每天的饭菜和汤药必定自己尝了之后才会让祖母吃，生怕烫着老人家。

孝顺在当时也是可以当饭吃的！

自从汉武帝建立了完整的察举制人才选拔制度以后，孝顺成为两汉、三国、两晋时期做官的前提条件。察举即考察举荐之意，汉武帝要求丞相、列侯、地方长官等高级官员，或者由中央派遣的特使访察人才，把各地品德高尚、才干出众、学识渊博的平民或下级官吏推荐给朝廷，经过某种形式的考核、面试（皇帝亲自策问）择优录用。通过的人就有机会做官，推荐的人也有奖励。

汉代的察举制科目由皇帝确定，分为常科（岁科）与特科两大类。常科是定期开展的科目，特科不定期开展，皇帝哪天心血来潮，想要招揽点特殊人才，比如要出使西域，总要有翻译人才吧，就下个诏，让有才能的人自动前来，通过一定的考试就能做官。

常科有孝廉、茂才（秀才）、察廉（廉吏）、光禄四行。孝廉是最重要的一科，孝指孝敬父母，廉指清廉勤政。被举孝廉的人能够直接进入中央担任郎官（在皇宫里打打杂，整理文件，修改通知等），前程远大，升迁较快。孝道是历代帝王大力提倡的选拔人才的标准，重孝道的最终目的是让天下人都孝顺最高统治者，对最高统治者恭恭敬敬，不能有任何的反抗，不能有任何的异议，只要听话乖巧就行，从而保证统治稳定。

早期被举孝廉之人除了要求拥有孝顺的品质之外，还要求钻研了一部或几部儒家经典。让你在皇宫里打杂不是让你干太监的活，而是让你干秘书与助理的活，没点本事你也扛不住，所以在制度实行的前期也选拔出了一批人才。汉武帝时期，基本一年一举孝廉，这成了每年固定的选拔制度，各个地方每年至少推举两百多个孝廉之人到朝廷。人多了，自然什么奇葩都有。

汉朝以后，在科举考试出现之前，孝名是进入官场的一个重要砝码，有孝名才能被统治者重视。一些人为了当官，就想出奇葩的广告词来引起轰动效应。只有用非常规的思维与画面，广告才能让人印象深刻，所以很多人为了名声不惜丧失人性、违背伦理，通过各种包装手段，伪装成正人君子。所以，很多看似孝顺的人背后往往有不可告人的目的。

晋朝有一个叫郭巨的人家里很穷，他的母亲舍不得吃饭，把仅有的食物留给刚刚出生的孙子吃。郭巨觉得养这个孩子必然影响尽孝道，于是跟老婆商量："儿子可以再有，母亲死了不能复活，不如埋掉儿子，节省些粮食供养母亲吧！"当他们挖坑准备把儿子埋掉的时候，忽然挖到一坛黄金，坛子上面居然写着："天赐孝子郭巨，官不得取，民不得夺（这是上天赐给孝子郭巨的，谁都不能拿走）。"夫妻俩得到黄金，高高兴兴回家孝敬母亲，抚养儿子。从此，郭巨不仅过上了好日子，孝顺的美名也传遍天下。

这则故事细思极恐，如果挖不到黄金，小孩子是不是真的就被活埋了？这个黄金又是怎么来的，真的是上天赐的吗？哪有这样的好事！估计这只是郭巨欺骗众人的把戏，不过是想赢得孝顺的名声罢了。这样的人真的走上官场，会不会对百姓好？连自己的儿子都能活埋，又怎么会对别人仁爱？而且如此私密的事情是如何传出去的呢？恐怕是郭巨"不小心"说出去的吧！

但是，李密的孝顺完全是出于对祖母的感恩，如果没有祖母的抚养，他早就死在了荒郊野岭。孝名在外、学识渊博的他受到朝廷的关注，蜀国起用他为尚书郎。他经常出使别的国家，每次都能够顺利地完成任务。

有一次，李密出使东吴，孙权挑衅地问道："你们蜀国有多少兵马啊？"

回答具体数字，岂不泄露军事机密？回答没多少人马，岂不有损威严？

但这难不倒聪明的李密，他答道："官用有余，人间自足。"自我防卫的力量足够了，保护本国百姓绰绰有余。这八个字既维护了自己国家的尊严，又敲山震虎——我们不打人，但绝对有打人的实力，你们想打过去，没门！

过了几天，孙权和众位大臣一起讨论道义的问题，在想当哥哥还是弟弟的选择中，大臣们为了表示谦虚，纷纷说道："当然愿意做弟弟了，怎敢争做大哥？"李密却提出不同看法："我愿意做大哥。"

为啥，难道你想出风头？众人纷纷不解。

"做哥哥的有更多时间侍奉父母啊！"能够更多地孝顺亲人有什么不好？

大家都认为他说得对。

但是，再有才的人也挡不住历史车轮的前进。蜀国最终被魏国消灭，皇帝刘禅率领太子、诸王、群臣自行绑缚，抬着棺材向魏国征西将军邓艾投降。

为了稳定人心，邓艾亲自解开刘禅等人的绳子，接受他们的投降，并选拔任用了一批蜀国旧官员。邓艾听说李密既有才又有德，立刻征召他为私人秘书兼助理（主簿）。

忠孝的李密并没有前往，蜀国都亡了，还当个什么官？再说祖母也老了，怎么能离开家乡？他以奉养年迈的祖母为由，谢绝了邓艾的邀请。

你以为躲起来就找不到你了吗？你是那样地出众，那样地鲜明！

司马懿的孙子司马炎建立晋朝，统一四海。新朝成立，急需拉拢人心，首先从拉拢名人开始。李密是大家纷纷称颂的人，既孝顺忠诚，又学富五车。如果这样的人为我所用，其他的普通人不也跟着来了吗？而且太子也需要德才兼备的老师来教育辅佐。

晋武帝司马炎征召李密为太子洗马（太子属官）。

李·密

李密陷入了两难之境。

司马炎不是大将军邓艾，他是天子，是帝王，不跟他合作只有死路一条。

面对这样的皇帝，如何巧妙地拒绝？不去，皇帝会不会认为我是在装清高？不配合皇帝，是看不起皇帝吗？是认为司马家族并非光明正大夺得天下，不想为其服务吗？

去，祖母怎么办？从小就相依为命，舍不得离开啊！带着她去？九十多岁的老人了，累倒在路上怎么办？而且去了新朝又能怎样？连自己主子都能出卖的司马家族，又怎么会在乎一个旧朝老臣？去了，弄不好脑袋随时会搬家，到时谁来奉养祖母？

朝廷急了，连下通知，地方官员们不断催促："快点收拾行装上路啊！别让我们为难好不好！难道你想抗旨？"

李密左右为难，犹豫不决，唉，发挥才华，写一篇"请辞报告"吧！这个报告的读者是掌握生杀大权的皇帝，请辞理由绝对不可能是"世界这么大，我想去看看"或者"祖母这么老，我想照顾她"。写得不好，就是"阎王殿那么大，我让你去看看"，自己脑袋搬家不说，还会连累祖母。

于是，一篇《陈情表》就这样诞生了。

第一段，卖惨。谁能比我惨啊！从小没爹没娘，跟祖母相依为命，没有祖母就没有我李密。潜在的意思是：皇帝陛下，如果我抛弃祖母，去您那边，是不是不孝？历代帝王不都重视孝廉吗？

但皇帝看了，会不会想：自古忠孝不能两全，你孝顺祖母，难道就不孝敬我吗？不出来做官，就是最大的不忠不孝！难道你还想着蜀国，身在曹营心在汉？

如何打消皇帝的顾虑呢？

第二段，夸赞，夸得他心花怒放。到哪里找这么好的皇帝？能遇到您这样圣明的皇帝，我恨不得马上出来做官，巴不得快马加鞭来到您的身边。像我这样微贱的人，能够侍奉太子，求之不得啊！但是“刘病日笃”，祖母已经病得很严重了，离开我，她又能靠谁呢？好在我“逮奉圣朝，沐浴清化”，遇到了您这样明理仁慈的皇帝，肯定会体谅我的难处，对吧？

朝廷不是“以孝治天下”吗，岂能让我成为不孝之人？

第三段，将军，反过来将你的军。大力颂扬朝廷推行孝道的措施与方针：皇帝您以孝治天下，高，实在是高！每个人都孝顺父母与长辈，就不会想着谋反叛乱，天下才能稳定嘛！李密又放低自己的姿态，抬高对方：“过蒙拔擢，宠命优渥”，我对您绝对忠心不二，可祖母“日薄西山，气息奄奄，人命危浅，朝不虑夕”，她老人家已经快不行了，我得时刻守在她的身边。潜在的意思是，您现在推行孝道，总要做好表率吧？强行拉我出来做官，岂不坏了您自己定下的规矩？

可万一皇帝还是认为我以孝敬长辈为借口消极抗命呢？

第四段，太极，打一套缓兵之计的太极拳。李密明确先尽孝，再尽忠，只要等祖母离开人世，我一定会出来做官，这样就彻底打消了晋武帝的猜疑。

其实，李密还有更深层的考虑：真的等到祖母离世那一天，皇帝不知道还在不在了。即便还活着，会不会再想起我呢？现在抬我出来，不过是做做样子、收揽人心罢了。

文章结构严谨，朴实动人，充满了对祖母深厚的感情与对新朝皇帝的感恩。李密始终放低姿态，抬高对方，最终感动了皇帝。

司马炎读着《陈情表》，仿佛干枯的禾苗遇到了久违的细雨，忍不住赞叹道：“不空有名也。”李密同志果然名不虚传，既有孝心又有才华，人才难得啊！

司马炎不仅同意李密暂时不用赴任，还下令嘉奖他的孝顺与诚心。除了口头表彰，还有实实在在的物质奖励，不仅赏赐给他两个奴婢，还命令当地郡县的长官按时发放赡养李密祖母的费用。

一篇好文章，使李密不仅避免了被猜疑而杀头的风险，还赢得了“贫困补助费”“老人赡养费”和皇帝亲自盖章确认的“荣誉证书”。李密用实力证明，才华是可以当饭吃的！

在祖母去世以后，李密出来做过官，担任了县令、太守等职，为百姓办了不少好事。他刚正不阿，政令严明，最后又主动辞官，回家养老。

两晋时期，风云突变，皇帝更替频繁，门阀把持权力，像李密这样主动辞官的人不在少数。

隋唐以前，没有科举考试制度，人才选拔只能靠官员们推荐（比如察举制），这种制度在雄才大略的帝王手中是发现人才的好手段，但到了懦弱无能的帝王手中，就成了阻碍人才晋升的大障碍。从东汉末期开始，推荐人才的权力逐渐掌握在了地方和中央大家族的手中，他们世代为官，相互举荐，今天商量好了你选我家儿子，明天计划好了我推你家孙子，人才推荐成了贵族圈子内的独角戏。这些家族长期盘踞在各个地方，有钱有权有地还有人，逐渐成了名门望族。

魏朝建立以后，魏文帝曹丕为了将人才选拔的权力收归到自己手中，采取陈群的建议，设立九品中正制。中正是品评人才的官职名称，中是中立，正是正派，意思是选择中立正派的人前去挑选人才。他们常年分布在各个地方考察人才，拿着中央发的“人才调查表”，详细记录考察对象的家世、才能、品德、口碑等，然后把人才分为九个等级：上上、上中、上下、中上、中中、中下、下上、下中、下下。中央按等级授予相应的官职，等级高的为大官，等级低的为小官。虽然从形式上有了一定的人才打分的标准，但总的来说，没什么创新，只不过是汉代察举制的升级版。

人这种动物，都是带有感情色彩和个人欲望的。当豪门望族的人提着钱财过来套近乎时，有几个中正官能够“又中又正”？各大家族又利用自己强大的影响力，花钱打广告，请人做点评，左右当地人的口碑，把自己家族的人推上新闻头条排行榜前几名，不选他们，天理不容！

中正官们逐渐“不中正”了，综合考察成了家庭背景考察。谁家有钱有权，谁家的子弟就是上品，否则都是下品。这样不仅省时省力，加快效率，还能拿到好处，留条后路。

于是，豪门望族的人始终居于高位，掌握推举权与品评权，他们的门生故吏又遍布天下，形成了一张牢固的关系网。九品中正制形同虚设，中正官要不就是门阀大族里的人，要不就是他们的门生，只要“你爸是豪门”，傻瓜也能成上品，可以优先挑选权力大、待遇好的官职。

这些世代为官的家族以门阀自称，形成了特殊的权力集团，叫作士族或世族。士族们家世显赫，背景强大，在地方拥有财产与土地，在朝廷拥有实权与地位，能够左右朝政甚至皇帝的选免。时间长了，出生在这样家庭的人，都有强烈的优越感、认同感。如果你一出生就很有钱，什么都不愁，自然要拼命维护自己的这种地位，万一失去了，多可惜？

怎么办？

实行严格的等级制度！

门第高的只能跟门第高的人通婚，高级士族只在高级士族间通婚。鼓对鼓，锣对锣，家世不好的请靠边，别在我们家门口丢人现眼。

西晋与东晋都是在门阀贵族的支持下建立的，所以历代皇帝们干什么事都得听背后大家长们的。国家等级制度越来越严，内部矛盾越来越复杂，渐渐形成了北人士族与南人士族、北人士族中的上层与下层、皇室司马氏与各大族之间等级鲜明的层层鄙视链。一级看不上二级，二级看不上三级，北方士族看不上南方士族，司马氏看不上王氏，王氏看不上崔氏……皇帝想要干点事，根本推行不动。人家门阀士族掌握实权，想理你就敷衍一声，不想理你手都懒得抬。

门第较低、家世不显的家族则被称为“寒门”或“庶族”，就算拥有土地与财产，即使身怀才艺与德行，也只能处于鄙视链的底端。而那些连寒门都称不上的普通百姓就更上不了台面了，整天被踩在脚下。

人才无法流动，整个王朝犹如一潭死水。

士族不想做事也不必做事，主动躺平；寒门想做事却没有途径，被动躺平！两晋成了人人躺平的朝代。等级森严，战乱不断，人生短暂，何不寻一处清净之地，欢度人生？嵇康、王羲之、陶渊明都用各自不同的方式，构建着属于自己的桃花源。

◆参考资料：

1. 司马光：《白话资治通鉴》，新世界出版社，2011 年 1 月第 1 版。

2. 中华书局编辑部：《名家精译古文观止》，中华书局，1993 年 2 月第 1 版。

3. 李岩燕：《情、理、谦、智——李密〈陈情表〉的说服力》，《语文世界（中学生之窗）》，2022 年第 7 期，第 5—6 页。

4. 田余庆：《东晋门阀政治》，北京大学出版社，2012 年 5 月第 1 版。

《与山巨源绝交书》——绝交也是一门学问

他看了看地上太阳的影子，离砍头还有一段时间，闲着无聊，找点事做！底下来送他、看他的人都是他的忠实“粉丝”，那就为他们弹奏一曲即将失传的《广陵散》吧！

“大哥，拿古琴来！”嵇康淡定地看着兄长嵇喜。

“唉！”哥哥一声叹息，赶快拿来古琴，这是弟弟最后的愿望了。

音乐响起，悦耳动听，悠扬空灵，惋惜，哀怨，超脱，坚定……

大家静静地听着，心中暗暗为嵇康感到不平，以后再也享受不到犹如泉水般的音乐了。三千太学生的集体请愿也没能换回他的性命，死对于嵇康来说，早就在预料之中。

“唉，我之前太小气了，袁准想跟我学习《广陵散》，我却不肯教他。从此以后，《广陵散》将要失传了。可惜，可惜啊！”

摸着心爱的古琴，嵇康一声叹息，再见了，凡尘！我要去寻找属于我的桃花源了。

四十岁的嵇康就这样匆匆离去。

司马家族篡夺曹家天下，洁身自好的人耻于同他们合作，想要投机的人又缺乏渠道，大家只能通过隐居与狂放发泄自己的不满，做出种种“伤风败俗”、惊世骇俗的举动，来反抗不合理的制度。这些人中最有名的除了陶渊明，还有阮籍、嵇康、向秀、山涛、刘伶、阮咸、王戎七个人，他们经常在山阳县（今河南省焦作市修武县一带）的竹林中饮酒、唱歌，人称“竹林七贤”。其中又以嵇康的狂放最为彻底，以山涛的品格最为忠厚。

嵇康年幼丧父，由母亲和兄长抚养成人。他从小博览群书，学习各种技艺，尤其擅长文学、音乐、养生之术。年轻的时候，嵇康就对那些虚伪的礼教和刻板的儒家思想不屑一顾：我想怎么活就怎么活，一年不洗澡又能怎样？不会交际又怎样？关其他人什么事？我就是这么有个性！我隐世独立，手握独门绝技——打铁，照样潇洒走一回！

为了赚钱生活，嵇康完全放下文人的架子，在家中后花园的柳树下搞了个铁匠铺子，引来山泉水，绕着杨柳树，砌了个游泳池。打铁打累了，就脱掉衣服，跳入游泳池，放声高歌。我的爱，赤裸裸！

日子过得很清苦，不妨潇洒吼一吼！

嵇康的名气很大，许多人想与他结交。出身名门的钟会年少得志，十九岁进入官场，二十九岁就被封为关内侯，什么都有了，就想认识些大家都难以结交到的人来抬高自己的名声，于是他选择了嵇康。在家里写了一些文章之后，他兴冲冲地拿去让大文学家嵇康指点指点：我写得怎么样，要不点个赞？

什么玩意，竟然跑来跟我套近乎？嵇康懒得搭理，继续打铁。

看着傲慢无礼、挥汗如雨的“打铁王子”嵇康，钟会气得嘴巴都快歪了，咱们骑驴看唱本——走着瞧！

仇恨的种子在钟会的心里埋下了。

嵇康并不是那种嘴上说着鄙视权贵，内心却醉心官场的文人。他的好朋友山涛，因为妻子是司马家族的亲戚而得到朝廷重用。飞黄腾达之后的山涛大力举荐嵇康出来做官。阿康老弟，你那么有才华，出来帮帮老哥呗？

嵇康一听，什么？你这个家伙竟然不了解我的志向，那我还用跟你称兄道弟吗？绝交，我要跟你绝交！于是嵇康奋笔写下当时刷爆各大“朋友圈”的《与山巨源绝交书》（山涛字巨源），公开跟山涛绝交。

我一直把你当作知己，你知道什么叫知己吗？就是知道自己，懂得自己。一直以为你了解我不愿做官的志向。你为人宽容，我心胸狭隘，原本八竿子打不着的我们只不过是偶然成为朋友罢了。我估计你老人家不好意思一个人做官，要拉我做助手，这不是让我惹上一身骚吗？

性格决定命运，志向决定道路。

我从小就比较懒惰散漫，长大以后变本加厉，常常一个月都不洗澡洗脸，不到全身发痒就不去梳洗。自从读了《庄子》，我追求荣华富贵的热情日益减弱，放任自流的本性日益加强。我既不懂人情世故，又不善于交际，还有七件事无法忍受：一是我喜欢睡懒觉，做官以后，就要按时上班，我受不了；二是我喜欢说走就走、射鸟钓鱼，做官以后，就不能自由行动，我受不了；三是我身上虱子多，时不时地挠痒，做官以后，就要装模作样，正襟危坐，我受不了；四是我不善于也不喜欢写信，做官以后，每天要处理公文，来往应酬，我受不了；五是我不喜欢参加吊丧活动，做官以后，肯定会被人以此为由批评弹劾，说我不懂礼节，我受不了；六是我不喜欢俗人，做官以后，就必须跟他们在一起办公、娱乐，天天对着他们油腻的脸，我受不了；七是我天性不耐烦，做官以后，整天忙于琐碎的事情，我受不了。

而且我又经常发表一些不合时宜的言论，被世俗的人定性为不懂事，不成熟。我又特别倔强，疾恶如仇，对于看不惯的事情就会直接批评。像我这样性格偏执而又喜欢作死的人，即便身体健康，估计也不会活得久。

我的人生肯定很短暂，所以，又何必执着于世俗工作呢？

人与人之所以能够成为好朋友，最重要的是因为能理解并成全对方。不能因为自己喜欢漂亮的帽子，就强迫别人戴着它；不能因为自己喜欢发臭的食物，就强迫别人品尝它。我只想过平淡清贫的日子，教育好自己的孩子，喝喝小酒，弹弹小曲，你又何必纠缠我不放呢？你不过是想找为朝廷冲锋陷阵的替死鬼罢了。如果你硬要把我拉去做官，我不仅会发疯，还会发飙的！

山野农民以晒太阳为最快乐的事情，以野芹菜为最美味的食物，但是，如果让君王与大臣也来享受阳光和芹菜，岂不笑掉他们的大牙？我，嵇康，山野村夫一个，各方面都比不上朝堂上那些智商高、身份高、情商高的“三高”人士。写这封信就是让你明白我的心。再见了，哦不，再也不见！

文章处处自嘲，却又处处讽刺。我很丑，但你们比我更丑！

嵇康曾经娶了魏武帝曹操的曾孙女为妻，在魏朝担任中散大夫。所以当司马懿篡夺曹家天下的时候，他自然不会与司马氏合作，并对他们用孝道往脸上贴金的做法加以讥讽和抨击。笑话，司马家族的人也配讲忠孝？他采用躲避的方式拒绝了司马昭的聘请。

他的言行早就触怒了当权者！

司马氏在等一个杀人的借口，毕竟嵇康学问渊博，名扬天下，以“莫须有”的罪名干掉他，会被大家的唾沫星子喷一脸。刚刚窃取曹家政权，又滥杀文化名人，岂不给民众留下无数“槽点”？将来我们还要建立自己的王朝，暂时收敛点吧！

嵇康好友吕安的妻子徐氏被吕安的哥哥吕巽迷奸，气不过的吕安准备状告吕巽。嵇康与二人都有私交，考虑到事情闹大影响不好，所以他劝说吕安不要冲动。但做贼心虚的吕巽倒打一耙，反过来诬告吕安，导致弟弟被捕。嵇康愤怒了，天底下竟有如此厚颜无耻之人？绝不能让老实人吃亏。他决定出面为吕安作证。他们两人往来书信的时候也时不时吐槽司马氏家族。

被嵇康轻视过的钟会笑了，终于等到报仇的机会，我绝不放弃！他趁机向当权者司马昭进谗言，添油加醋，煽风点火：那嵇康肯定跟吕安有一腿，两人合伙隐瞒真相，一起诋毁您。

司马昭早就对嵇康不满了，狂妄，自大，还写什么公开绝交信，我看你是想跟我们司马氏绝交吧？管你有罪没罪，不肯合作就是大罪。司马昭立即下令处死嵇康与吕安。

嵇康不仅文采与人品出众，诗赋、书法、绘画更是无一不精，还弹得一手好琴，尤其擅长作曲。他自创了《长清》《短清》《长侧》《短侧》四首琴曲，被称为“嵇氏四弄”。他还把自己对音乐的理解写成理论书籍《琴赋》《声无哀乐论》。

嵇康堪称华语界作词、作曲、演唱全能艺人！因此他在当时的年轻人心中是如同天王巨星般的存在，三千名太学生（当时最高学府的学生）集体请愿，请求朝廷赦免嵇康，让他来太学担任老师。

可是，君要臣死，臣最好立刻就死！三千张嘴巴怎能干得过一个强权？

临死之前，嵇康没有把儿女托付给哥哥嵇喜，也没有托付给好友阮籍和向秀，而是托付给了他曾经公开绝交的山涛，并对儿子嵇绍说：“有巨源在，你不会成为孤儿了。”

为何他对山涛如此信任？山涛又是何许人也？

山涛早年贫困，喜好老庄学说，与嵇康、阮籍等人交游，是“竹林七贤”之一。当年司马懿发动政变，诛灭曹爽集团，他弃官归隐，不问世事。因为妻子与司马氏沾亲带故，他被西晋朝廷征召出来做官，后来又受到晋武帝的重用。

山涛在做吏部尚书的时候，负责选任官吏，鉴别隐逸之士，查访贤能之人，一心为皇帝寻找优秀的人才。他在深入考察的基础上，给予客观公正的评价，写出每个人的优缺点，然后用小本子逐一登记，上交朝廷，由皇帝选择。他不干预也不多嘴，该做的他都做了，反正本子里都是真正的人才！当时人们称这种客观公正的选人方式为“山公启事”，一些有才能的寒门子弟也因此有了“草根”逆袭的可能。

山涛虽然因“拼老婆”而成了朝廷重臣，却能恪尽职守，淡泊名利，清贫而终。他为朋友两肋插刀，对亲人情深义重，既得到皇帝的信任，又得到朋友的尊敬。后来，晋武帝升任他为司徒，位列三公。

山涛成了魏晋南北朝时期极少数从寒门崛起的典型。

他一直悉心照顾培养嵇康的儿女，后来还举荐嵇绍做了朝中大臣。你跟我公开绝交，我待你情同手足！山涛，始终与嵇康肝胆相照。

嵇康不是傻子，他心里明白一旦自己有危险，能救他帮他的人只有山涛。所以我认为，他写《与山巨源绝交书》绝不仅仅是为了耍酷，而是给司马氏看的。嵇康想让多疑的司马氏亲眼见证，我跟山涛那个家伙彻底划清了界限，没什么关系了，你们放心用他！

两晋时期，等级制度极为森严，上层人士和中下层人士虽然生活差别很大，但是心情好像差不多，都是苦闷无聊。寒门子弟因为没有上升通道而苦闷，用愤世嫉俗、隐居世外的方式寻求解脱；士族子弟因为生活没有目标而苦闷，用吃喝玩乐、追求新奇的方式释放心情。

晋文帝司马昭的女婿王济就在吃饭方面玩出新花样，发明了蒸乳猪创意菜谱。先用人乳喂养刚刚出生的小猪，等小猪稍稍长大后，再拿去蒸。喝着纯天然无污染的奶汁长大的猪，味道自然异常鲜美。

除了比吃，还比穿。男人们整天养尊处优，爱好打扮，甚至涂脂抹粉。有一个叫杜弘治的富家公子，脸蛋像凝固的白脂，眼珠如点染的黑漆，看起来手无缚鸡之力，一吹就倒。如果这样的人掌握了朝廷的实权，面前强敌，怎能抵挡？

吃撑了，玩累了，这些人也会觉得空虚，想搞点花样，发些感慨。什么生命短暂，什么容颜易逝，魏晋时期的“清谈”之风便是这么来的。这个时期，文人们根本不需要发扬积极入世、治国平天下的儒家思想，士族子弟一出生就达到了别人难以企及的巅峰，所以不爱干活没闯劲，更不会费力改革什么弊政。当全国的土地、财富基本都是你家的，连皇帝都要给你赔笑脸，你还奋斗个什么劲？他们最需要的是追求长生不老的道家。而那些庶族子弟呢？就算打了鸡血，也无法翻身做主，他们也需要从无为而治的道家中寻求解脱。除了无为，他们还能干什么？

名门望族的子弟们天天想着如何潇洒，反正一生下来前途就规划好了，不用努力就能拥有别人奋斗几辈子也得不到的东西。所以，他们将生活玩出了新花样！

◆参考资料：

1. 杨昊鸥：《中国古代散文名篇导读》，暨南大学出版社，2013 年 11 月第 1 版。

2. 房玄龄：《晋书》（全 10 册），中华书局，2015 年 11 月第 1 版。

3. 牛胜玉：《初中必备古诗文》，辽宁教育出版社，2010 年 12 月第 1 版。

《兰亭集序》——富二代们的快乐，你们想象不到

王羲之算是豪门望族里的异类。

他出身于魏晋时期的顶级豪门——琅琊王氏，是王旷的第二个儿子。含着金汤匙出生的他并不热衷吃喝打扮，而是沉迷书法。父母为他配备了顶级名师团队：擅长书画的王廙、师承钟繇的卫铄等。为了把字练好，无论休息还是走路，王羲之心里总想着字体的结构和笔画，不停地用手指头在衣襟上画着。时间久了，身上的衣服都被弄破了。

他每天在池塘里洗毛笔，久而久之，整个池塘的水都变黑了。

但仅闭门造车，造不出大师！成年后的王羲之走出家门，寻求古人的字帖，拜访民间的大师，学习李斯、曹喜、钟爵、梁鹄、蔡邕、张芝等人的书法。他要青出于蓝而胜于蓝，在前人的书法中推陈出新，开创属于自己的书法品牌。

因为埋头练习书法，王羲之给人感觉有点高冷，他看起来行为怪异，不善言辞。当时，同样出身名门的大臣郗鉴也喜欢书法，他有个女儿长得貌美如花，待字闺中。郗鉴准备在名流子弟中挑选未来女婿。为了选出“最佳女婿”，他先派出“女婿考察领导小组”，前往顶级豪门王导的家族里探探路。

听闻对方乃漂亮的大家闺秀，王家里年轻的子弟们都精心打扮，卖力表演，等待“考察小组”检阅。只有一个人例外，他躺在书房东墙边的床上想事情，肚脐眼露在外面，手指不停地比画，根本没有注意“考察团队”的到来。

郗府管家回来报告情况，王家每个年轻人都不错，无论长相还是学识都无可挑剔。只有一个人不行，对相亲的事情毫不在意，竟然露着肚子，躺在东边的床上，没有一点贵族名流的样子！根本没把我们放在眼里，智商、情商绝对不及格！

哦？他叫什么名字？郗鉴的眼睛顿时亮了。

王羲之！

哈哈！就是他了！我的女婿非他莫属！

“考察团队”一脸懵圈，老爷，您确定吗？

确定以及肯定！

从此，王羲之便成了郗鉴的“东床快婿”（指为人豁达、才能出众的女婿）。

有了老婆孩子，王羲之依然沉迷书法练习。王夫人为了让相公专心练习，让人把中午饭、晚饭都端到书房里去。有一天，她迟迟不见相公出来，便吩咐丫鬟去看看书房里的王羲之有没有吃完饭，是不是哪里不舒服。

结果，神奇的一幕出现了。

白馒头变成了黑馒头。王羲之一边练字，一边将馒头蘸着墨水啃，吃得还挺香。

他把墨汁当成了美味的蘸酱！

丫鬟抿着嘴偷笑，老爷真是创意无极限啊！

经过长期的苦练，王羲之终于“兼撮众法，备成一家”，创造了属于自己的顶级书法品牌。有一次，皇帝要到北郊祭祀，让王羲之将祝词写在一块木板上，再派工人雕刻出来。工人们一边雕刻，一边称奇，顶级书法家写的字果然与众不同，每一笔都矫若惊龙，墨汁竟然渗入木头三分多（一厘米左右）。众人纷纷感叹道："右军将军（王羲之担任的官职）的字真是入木三分（形容书法笔力刚劲有力，也比喻对文章或事物见解深刻、透彻）啊！"

当时，很多人都想方设法得到王羲之写的字，据说每年除夕之夜，王家大门的对联不到半夜就被人偷偷地撕走了。那可是王羲之亲手写的，不拿白不拿！

书法成了王羲之的主业，做官成了副业。东晋的豪门子弟都能担任待遇好又清闲的官职，有大量的时间吃喝玩乐，尽情潇洒。王羲之走上仕途，稳稳地升迁，一切都是那么顺利，一切都是那么容易。

闲来无事，搞个大型"派对"。

公元353年的三月初三，是春天的修禊日，民间有祭祀的习俗。大家在这天到水边沐浴，除去污垢，驱除病患，祈福消灾。王羲之作为顶级门阀士族的代表，又是地方的最高行政长官（会稽内史），不可能去水边搓澡，怎么办呢？

他广发英雄帖，邀请当时的顶级名流雅士到山阴城兰亭集会。大书法家的影响力是惊人的，魏晋以来显赫家族的子弟们差不多都到齐了：王家、谢家、袁家、郗家、庾家、桓家等。

兰亭有险峻的山峰、茂盛的树林、修长的竹子，清澈的溪水环绕周围，小鱼欢快地嬉戏，清风悠悠地吹起。文人雅士们坐在溪水的岸边，在上游放置酒杯（通常是木头做的，也有陶瓷做的，这种酒杯被做成像小船一样的形状，左右有耳，两边突出，像是鸟的翅膀，所以又被称为"羽觞"，能够漂浮在水上），杯子顺流而下，经

王羲之

过弯弯曲曲的溪流，停到谁的面前，谁就要即兴赋诗，说不出来的就要取杯罚酒。这样的活动有个诗意的名字——曲水流觞，预示着祛灾免祸。

公子哥们将喝酒喝出了新境界。

当天，晴空万里，微风习习。仰望天空，浩瀚无边；俯瞰大地，生机勃勃。虽没有音乐和舞蹈，但有大自然的美景足矣！

王羲之看着眼前的一切，陷入了沉思。人的一生，稍纵即逝。有的人畅谈理想，博览群书；有的人放浪形骸，寄情山水。人各有各的活法，各有各的爱好，但是到最后，都会感到厌倦与疲惫，都会死去。人活着总要面对死亡，怎能不感到凄凉呢？

我们翻开古人的文章，总不免觉得哀伤。当时再伟大的人，现在不也成了尘土吗？当时再不可一世的人，现在不也消失了吗？庄子说生和死是一样的，长寿和短命也是一样的，天地万物与人融为一体。这样的观点是不对的，生就是生，死就是死，生生死死本来就是自然规律，何必非得看成一样呢？何必非得跟万物融为一体呢？

死很正常，我们要正视自己生命的短暂。再怎么努力，人也无法和自然一样永恒，活在当下就是最好的。王羲之觉得有必要记录下当天的活动与众人的诗篇，即使时代转变，后人看到《兰亭集》，能了解我们的想法，感受我们的快乐，这就够了。我们的诗集中没有心灵鸡汤式的教育，也没有故作高深的哲理，仅供后人图个乐子罢了。嘿，看看，这些东晋名士活得真快活潇洒啊！

想到这里，王羲之为大家的诗集写了一篇序言——《兰亭集序》，讲述事情的经过和自己的思考。乘着酒劲，他铺上蚕茧纸，手握鼠须笔，将多年的书法技巧展现在纸上，每个字都龙飞凤舞，活灵活现，即便是重复的字，也写出了不同的变化。他将兰亭的自然美景、游玩时的情感、对人生的思考融入书法之中，整篇书法犹如流觞曲水，灵动自然。

从此，《兰亭集序》的文章与书法成为“绝代双骄”，名垂千古！书法还被后世推为“天下第一行书”。相传，唐太宗得到这部书法珍品之后，爱不释手，反复观看，字怎么能写得这么美，这么好！最后竟然将其带进了棺材。

东晋时期，上层人士的生活单调奢华且枯燥，下层人士的生活僵化无趣又令人绝望。

所以，大家都很压抑，想尽办法寻求解脱。上层人士为了驱赶无聊，想到了好招数——清谈。士族名流们聚在一起，不谈治国理政、百姓疾苦，因为他们根本不需要治国，百姓的生活跟他们八竿子打不着，谁要是呐喊“侠之大者，为国为民”，铁定沦为大家的笑柄。那正宗的名流们应该谈什么呢？

老庄、周易，人生虚幻、得道求仙、未来情形……他们谈些普通人听不懂的玩意。天机不可泄露，凡人岂能了解我们的人生追求？越玄幻就越神秘，越神秘就越高雅。名流们聚在一起不谈俗事，只谈理想，相互争辩。摆事实，讲道理，谁能把别人驳倒，谁就能成为万众瞩目的焦点。渐渐地，社会上形成了“清谈之风”。

谈老庄、争辩，成了贵族界的流行时尚。

王羲之活得倒是特别明白，热爱书法，享受当下，生命短暂又如何？无法永恒又怎样？活着就是美好的，与其空谈议论，乱发感慨，不如练习书法，做点实事。

看开了，就无所谓了。做官的琐事让他疲惫，人情往来的礼节让他拘束，虚无缥缈的议论让他厌烦。反正也不缺钱，何不好好享受生活？写完《兰亭集序》后不久，王羲之做了一件琅琊王氏家族从未有过的事情——称病辞官，永不出山。

各个豪门家族为了维持巩固自身集团的利益，都会安排族里的子弟担任实职、掌握实权，尤其像王羲之这样的能人，怎么可以辞职不干呢？一时间，劝说者一个接一个，反正你只拿钱，不干事，何必辞职呢？

王羲之摇摇头，不干就是不干，我要任性一回！

从此，他彻底告别官场，带领一家人来到绍兴金庭，砸钱建造别墅与书楼，种植果树与蔬菜。在这里练字、写诗、作画、放鹅、钓鱼、游山、玩水、教导子孙。

他实现了自己的理想，在快乐中去世。“我卒当以乐死”，他比每天吃了上顿没有下顿的陶渊明幸福得多。

◆参考资料：

1. 房玄龄等：《晋书》，中华书局，1974 年 11 月第 1 版。

2. 任闻杰：《中国古代散文名篇》，人民文学出版社，2000 年 8 月第 1 版。

3. 薛和平：《从〈兰亭集序〉看王羲之的永世价值观》，《学周刊》，2013 年第 34 期，第 201—202 页。

《归去来兮辞》《桃花源记》——每个人心中都有一个世外桃源

我们每个人心中都住着一个陶渊明，疲倦了，失意了，就想寻一处桃花源，高唱归去来兮。而现实中陶渊明过得并不轻松，他的祖上虽然也有人做过官，但在门阀等级制度森严的东晋时期，他也只是个庶族子弟。从父亲还有能力娶一个小妾的情况来看，他最初的家庭经济条件还可以，所以在大多数人没有条件读书识字的情况下，他还能接受文化教育。他的父亲是个喜欢山水而讨厌世俗的人，这样的思想深深地影响了他，所以陶渊明从小就喜欢安静，不喜欢那些俗事。父亲也会教他儒家经典，治国平天下的思想始终埋在陶渊明的心中。他时常会发出点感慨：“猛志逸四海，骞翮思远翥。”

可是，不幸的事情接二连三地发生。在陶渊明八岁的时候，寄情山水的父亲去世，家里更穷了。十二岁的时候，继母去世，留下一个年幼的女儿，陶家直接由小康奔向特困。再热爱山水，也得先填饱肚子啊！二十岁的陶渊明只好积极外出寻找工作。

但是在那个年代，好工作难找啊！

门第较低、家世不显的寒门子弟，就算拥有土地与财产，即使身怀才艺与德行，也只能在基层打打杂、写写文章。在这样的氛围之下，家庭背景并不显赫的陶渊明又能找到什么像样的工作呢？

他从生下来的时候，前途就已经定格。在各种低级岗位干了几年，陶渊明感觉没什么意思，就“裸辞”回了家，但饿得咕咕叫的肚子又时不时催促他赶紧出去找点吃的。

二十九岁的时候，他找到一个江州（今江西省九江市）祭酒的工作。人家祭祀祖先、鬼神的时候，他负责搞好后勤，类似现在的会场服务人员。干了一段时间，陶渊明厌烦了，工作无趣又烦琐，干脆甩手回了家。地方政府官员鉴于陶渊明的名气，准备“招聘”他担任政府秘书（主簿）。陶渊明有对自己才华的自信和对猛志的追求，地方政府里的小小秘书，他看不上！

做那些低贱卑微的工作，不如“家里蹲”。不能占据“C位”，我宁愿选择躺平。

但是，长时间躺在家里也会觉得无聊。人嘛，总是希望得到社会的承认。这个时候正好有人推荐他出任镇军将军刘裕的参军，大将军的助手兼参谋，算是稍微有点前途的工作，这个可以有！

陶渊明没有推辞，满怀信心地上任了。不过在两晋时期，干得好不如出身好，学问牛不如老爸牛。也许是感觉前途渺茫，也许是工作不开心，也许是想念无拘无束的田园生活，干了没几年，他又辞职了。

对于贫穷的人家来说，没工作就意味着没钱，没钱就意味着受苦。

现实毕竟不如东篱下的菊花那么美，填不饱肚子怎么有力气游山玩水？他又在别人的推荐下出任建威将军刘敬宣的参军。

陶渊明的前半生始终在归隐与出世之间徘徊。不开心，我裸辞！没得吃，我出来！

官场的虚伪客套、逢迎拍马，见人说人话，见鬼说鬼话，安静内向的渊明同志学不会啊！做不擅长又不喜欢的事情，精神是痛苦的，可是不做，肚子也是痛苦的。他彷徨、挣扎、呐喊、犹豫、难过、不安……好纠结！

为了肚子和理想，陶渊明最后一次出任了彭泽（今江西省九江市彭泽县）县令，好歹也成了小地方的一把手了。但是，上任八十多天，一个郡里的小领导（督邮）到彭泽县巡视，要求陶渊明搞好接待。老陶摇了摇头，叹了口气，什么玩意？每个人都跑来让我接待，我还干什么工作？再说，我才华横溢，岂是你们这些不学无术的人呼来唤去的？我岂能为了五斗米折腰？让你们看看什么是个性！

此时，恰逢同父异母的妹妹程氏去世，陶渊明前去吊丧，顺便又把工作辞掉了。想起过去的种种挣扎与矛盾，想起多年来的徘徊与彷徨，也许是感觉世事无常，怕哪天自己也突然“挂”了，却没有充分享受自由与山水，而是死在无聊的岗位上，他提笔写下了著名的《归去来兮辞》，既是辞职信又是陈情表。让我伺候大小领导，不如回家编排舞蹈！

我家境贫困，仅靠耕田吃不饱啊！小孩子又多，家中粮食常常不够。亲戚推荐我担任小小县令，我也勉强接受了，毕竟饥饿寒冷的感觉不好受啊！本指望干完一年就可以潇洒离去，不巧，嫁到程家的妹妹在武昌（今湖北省鄂州市）去世，我一心奔赴吊丧，路途遥远，来回不便，顺便就辞职吧！

“悟已往之不谏，知来者之可追”。我要赶紧回到无拘无束的山林之中，回到魂牵梦绕的故乡，那里有亲人与孩子，有松树与菊花，更有自家酿的美酒。我要拄着拐杖，看风起云涌、日出日落，“云无心以出岫，鸟倦飞而知还。景翳翳以将入，抚孤松而盘桓”。

让我在潇潇洒洒中度过余生吧！再也不犹豫了，再也不徘徊了，我好像不太适合平凡的世界，“聊乘化以归尽，乐夫天命复奚疑”。

从此，陶渊明再也没有出来做过官。

也许是年纪大了，什么都看清了，意识到反正底层人再怎么努力也白搭，陶渊明干脆一头钻进山林田园，隐居到老，做个耕田种地的老农民，当个自由自在的大诗人。“采菊东篱下，悠然见南山”，正好有时间与心情去创作大量的诗歌与文章。一不小心，陶渊明开创了全新的诗歌流派——田园诗派，留下了许多绝美的诗文。

但现实不只有诗和远方，还要吃饭和穿衣，生活中的柴米油盐酱醋茶能让一个贫困的才子愁白了头。

因为囊中羞涩，买不起琴，陶渊明就在家里摆了个没有任何装饰和琴弦的琴，每次朋友聚会饮酒的时候，他都装模作样地抚弄一番，好像很陶醉，好像很开心，表现自己的情趣与众不同。（成语“彭泽横琴”就是这么来的，比喻志趣高雅不俗。）

但是高雅也得建立在吃饱饭的基础上。陶渊明在隐居的前期还是有些积蓄的，所以能够勉强过上清闲日子。为了能长久地隐居下去，陶渊明不得不放下文人的架子，亲自到田间劳动，养养鸡，放放鸭。要是在现在他可以搞个农家乐，凭他的名气，生意绝对火爆，可他在东晋。

要喝酒，没钱买，那就自己酿吧！

有一次，别人慕名拜访陶大才子，却看到了不可思议的一幕。只见陶渊明摘掉头上戴的头巾，当作过滤器，滤去酒的残渣，酒通过头巾流到盛酒的容器后，他又重新把头巾戴在头上。别人胃里一阵翻江倒海，口味好重啊！原生态，很粗犷！

由这个故事还引出一个成语——葛巾漉酒，形容爱酒成癖，率真超脱。而实际上应该是因为陶渊明买不起毛巾，只能洗脸、擦汗、擦脚、酿酒无缝对接，凑合着使用。陶渊明牌美酒，色泽浑浊，多味融合，直冲脑门，喝了之后，犹如晕船的人看到大海！

他把诗歌和理想留给了后人，把破布与劣质酒留给了自己。

好在陶渊明时不时也会被仰慕敬佩他的人邀请到家中喝酒吃肉，畅谈天下。面对美酒与美食，不拒绝，不放弃，不抛弃！陶渊明常常与他人笑谈痛饮，激动了就高歌，喝醉了就回家。但是平常人家也没有余粮，偶尔蹭顿饭可以，总不好意思天天去。

怪人与才子相结合的陶渊明，名气越来越大，关于他的话题越来越多。朝廷也被惊动了，征召他为著作佐郎。去中央工作，是多少底层人的梦想。

但此刻的朝堂之上，正是野心勃勃的刘裕当政。为了打通通向最高权力的道路，他自然免不了屠杀异己分子。高官们都朝不保夕，何况小小的著作佐郎？隐居世外的陶渊明是“秀才不出门，全知天下事”，他并不傻，何必一把年纪了去凑那个热闹？于是他直接拒绝了征召。

有个性，太有个性了！

名流们纷纷前来结交。有一年重阳节，赏着菊花的陶渊明极为郁闷，有美好的风景却没钱买美酒，遗憾啊！他出去散步，放松下心情，忽然看见一个白衣使者拎着一壶酒走过来。难道我在做梦？不是梦，这人是奉江州刺史王弘之命前来送酒的！

啊，好事，好事！

陶渊明眼睛放光，激动无比。他也顾不得清高了，赶紧接过酒一饮而尽，大醉而归。哦，对了，送酒人的名字叫什么？管他呢，我又没求他送！

虽然穷困潦倒，但偶尔也能过过嘴瘾，还有什么不满足的呢？

动荡的年代，连皇帝都难以保住老命。权臣刘裕等不及了，司马家能窃取曹家的天下，我刘家为何不可夺过司马家的天下？掌握实权的他直接废了晋恭帝为零陵王。第二年，刘裕觉得旧皇帝活着，始终是个障碍，于是命人用棉被闷死了晋恭帝，代晋称帝，改国号为宋，改年号为永初。由此，中国南方正式进入南朝时期。

拼爹的社会又何苦挣扎？动荡的环境又何必守望？大家都想寻一处落英缤纷的世外桃源，过安贫乐道、彭泽横琴、葛巾漉酒的生活。

陶渊明创作了《桃花源记》，描写了一个与世隔绝、生活安乐而没有遭到祸乱的美好地方。桃花源也有可能确实存在，有些人为了躲避灾难与战乱，找个与世隔绝的隐秘地方，开垦荒地，种田打猎，自给自足，过着自己的美好生活。反正战乱的时候，大家连自己的性命都保不住，谁又来管你的生活？

当然，这个世外桃源也有可能是陶渊明自己想象出来的、做梦梦到的，但这是那个时代集体的美梦与追求。谁不想生活在一个自由自在、无拘无束的地方？“土地平旷，屋舍俨然，有良田美池桑竹之属。阡陌交通，鸡犬相闻。其中往来种作，男女衣着，悉如外人。黄发垂髫，并怡然自乐。”在这样安宁祥和的环境中，过上与世无争的潇洒生活，是多少人梦寐以求的？

有了这样的想法，陶渊明坚决不肯出山。

南北朝时期，刘宋王朝的大将檀道济曾经亲自前来看望陶渊明，力邀他出来做官，还赠送了精致美味的饭菜。此次，陶渊明并没有接受，估计感觉大限将至，美食已经勾不起他的欲望，官位也激不起他的热情。很快，他带着长久的期待去了天上的桃花源，寻找一片属于自己的净土。

两晋时期，严格的等级制度让社会变得如一潭死水，人才不流动，王朝站不稳。东晋建立没多少年，就被刘裕灭掉，建立了刘宋朝。从此南方好似放烟花，政权一个接一个，经历了宋、齐、梁、陈四个朝代。社会持续性动荡，王朝间歇式死亡，众人感到生命脆弱，不知该如何解脱。

魏晋顶级名流们的生活成了大家的毕生追求，谁不想自由自在潇洒地过一生呢？一个南朝的年轻贵族，收集了大量名流们的小故事，写成了一部“名流养成记”——《世说新语》。

◆参考资料：

1. 房玄龄等：《晋书》，中华书局，1974 年 11 月第 1 版。

2. 任闻杰：《中国古代散文名篇》，人民文学出版社，2000 年 8 月第 1 版。

3. 范晓利：《儒道并行而不相悖——论陶渊明的精神世界》，《唐山师范学院学报》，2008 年第 6 期，第 28—32 页。

4. 王阁：《陶令不知何处去　桃花源里可耕田——东晋田园诗人陶渊明》，《江西教育》，1994 年第 10 期，第 1 页。

《咏雪》《陈太丘与友期行》——顶级名流要从娃娃抓起

一个二十九岁的年轻人望着漆黑的夜空，一声长叹，我心里好苦啊！

他是刘宋王朝开国皇帝宋武帝刘裕的亲侄子，长沙王刘道怜的次子。

十三岁，他受封为南郡公。他的叔叔临川王刘道规英年早逝，没有儿子，他被过继给刘道规，又成了临川王。因为勤奋好学，才华出众，他受到了皇帝刘裕的大力点赞：小伙子，以后肯定是我们刘宋王朝的顶梁柱啊！

十七岁，当别人还处于懵懂的少年时期，他就登上尚书左仆射（相当于以前的副宰相）的宝座，成了别人眼中的绝对偶像。

他的名字叫刘义庆。

可是，一切太顺了，老天爷都有点嫉妒他，好事不能让你一个人占了啊！

刘裕去世以后，年仅十七岁的宋少帝继位，国家的权力掌握在徐羡之、傅亮和谢晦三位大臣的手中。看到少帝年幼无知，懒理政事，三人联手废掉少帝，迎立刘裕的第三个儿子宜都王刘义隆为皇帝，史称宋文帝。

走上权力巅峰的刘义隆并未感谢三位大臣，而是陷入了深深的恐惧与猜忌之中。他们能杀掉少帝，难道就不能杀掉我吗？万一他们对我不满意，又要重新拥立我的弟弟们呢？

想要不被杀，那就主动杀！

刘义隆先后杀掉三位辅政大臣，又找各种借口干掉了一系列潜在的幻想敌。结果越杀越迷茫，越杀越彷徨，到底谁才值得信任呢？人心隔肚皮，谁能看得清？失去了获得感、幸福感和安全感的刘义隆用怀疑的眼光盯着所有人，尤其是自己的兄弟和皇族成员。时不时来点血腥刺激，谁的本领高、风头大，就搞死谁。他拉开了刘宋王朝骨肉相残和滥杀无辜的序幕，最后，甚至自毁长城，连刘宋王朝的镇海神针——檀道济也被他杀掉了。

处于漩涡中的刘义庆渐渐感到胸闷气短堵得慌，怎么办？留在这里，迟早完蛋！那就远离京城，躲到地方去！

于是他请求辞掉左仆射的职位，到荆州担任刺史。

但是刘义隆的猜忌心越来越重，你辞官去荆州，想干什么？收揽人心，发展势力，回过头来把我干掉？

被人误会猜疑的滋味实在不好受。躺平？真要天天躺着，无所事事，可能就真的废掉了。喝酒？长期饮酒有害健康啊！装疯？我已经快被逼疯了。

唉，终于明白魏晋时期那些人的苦衷了。身处压抑的环境中，想要不疯掉，还得有技巧！

对，让我来看看魏晋名流们是怎么自我开导解脱的。可是他们的故事零零散散，看着不过瘾啊！嘿，有了，我身边不是有很多才华横溢的文人吗？让他们跟我一起收集编写魏晋名人们的有趣故事吧，给自己也给后人留下自我超脱的妙方。

哈哈，找到人生的奋斗方向了！编书可以帮我丰富精神世界，给我活下去的信心。工作太上进，容易被猜忌。现在我编书，总不会被定义成危险分子吧？

改任江州刺史的刘义庆开始组织文人着手编写一部关于如何成为顶级名流、潇洒人士的教科书——《世说新语》，重点收集东汉末年至魏晋时期名人们（主要是上层人士）的故事与传说。按照德行、言语、政事、文学、方正等三十六个方面分门别类，每类又分为若干则，共有一千多则。有的故事短，有的故事长。

既然是名流教科书，有没有讲清楚到底怎样才算是名流呢？

身无长物、割席分坐的故事给出了一些看法。

东晋大臣、外戚王恭出生于名门望族，在享乐主义、奢靡之风盛行的东晋王朝算是个异类分子。有一次，他从会稽（今浙江省绍兴市）回来，亲戚王忱去看他，见他盘坐在一张漂亮的竹席上。对于没见过竹子的当地人来说，竹席是个时髦的奢侈品，想必坐着会比较舒服。王忱就对王恭说："老兄，你肯定带了很多这样的席子，能否也送我一张呢？"

王恭心里咯噔了下，你以为我像那些纨绔子弟一样，一出去就疯狂扫货，一回来就大包小包？

但是朋友开口了，也不能太小气了吧！虽然他当时没有答话，可事后就把唯一的竹席送到王忱府上，自己换了个廉价的草垫子。

听说了这件事的王忱既惭愧又惊讶，我们顶级豪门王家竟然还有此等人物？于是前来赔礼道歉："哎呀，我本来以为你有很多张竹席，没想到会是这样，对不起了！"

王恭叹了口气："看来你不了解我啊，我从来就没有多余的东西！"（出自《世说新语·德行》："丈人不悉恭，恭作人无长物。"成语身无长物便出自这里，指除自身外再没有多余的东西，形容贫穷。）

王恭作为晋孝武帝皇后的兄长，深受皇帝器重，地位高人一等，死后家里却没有什么财产。

对于钱财，《世说新语》里的高人往往看得很淡。

华歆曾经跟同学管宁一起在园子里锄草。挖着挖着，看到地上有块黄金，闪闪发光。管宁好像没有看到一样，依然挥动着锄头。

感到好奇的华歆上前捡起金块，看到管宁若无其事，有点不好意思，嘿，看来是我激动了！他赶紧扔掉金块。

管宁因为这件事对华歆的看法产生了微妙的变化。

而另外一件小事成了两个人绝交的导火线。有一天，两个人同坐在一张席子上读书，一辆装饰豪华的车子从学校门前经过，学生们纷纷放下课本，前去观看，华歆也在其中。管宁不闻不问，依旧认真读书。等到华歆回来，管宁做出了一个惊人之举，拿起小刀，将地上的席子一分为二。华同学，你读书不专心，见财就激动，不配跟我交朋友！道不同不相为谋，以后我们分开坐，从此绝交！（出自《世说新语·德行》："宁割席分坐，曰：'子非吾友也。'"意思是把席割断，分开坐，比喻朋友绝交。）

我个人觉得管宁有点沽名钓誉。好奇心每个人都有，如果看到金块不捡，反而有点不正常。违背人性的行为都是不理智的，也是不明智的。华歆的行为反而更加真实，更贴近现实生活，有欲望但也能有所克制，不会为了名声故作高雅。

华歆曾经跟朋友王朗共同乘船逃难，途中有个人想要搭他们的顺风船。华歆考虑到路上如果遇到盗贼，船太小会导致大家不好逃命，就没有同意。但是王朗为了显示助人为乐的品质，毫不犹豫地答应说："船上还算宽敞，挤一挤的话，能带上一个人，为什么不同意呢？"

既然朋友都开口了，有所顾虑的华歆也不好再坚持，让那个人上了船。中途果然遇到尾随而来的盗贼，因为多加了一个人，小船行驶速度变慢。王朗着急了，怎么办？盗贼一旦追上，我们必定受伤。他悄悄地跟华歆商量：“要不我们把中途搭船的人放下去，这样船就轻了，速度会更快一些。”

华歆坚决不同意：“不行，我先前之所以犹豫不决，就是考虑到这种情况，弄不好大家都跑不掉。但是，既然已经答应了人家的请求，怎么能出尔反尔呢？不能因为情况紧急而抛弃别人。”

刚说完话，华歆就卷起袖子喊道：“来，大家一起撸起袖子，用力划船！”华歆始终没有抛弃当初被他拒绝上船的人。最后，大家成功摆脱盗贼，安全抵达目的地。

通过这件小事，可以看出华歆可贵的品质。先小人后君子，丑话说在前头，一旦答应了别人，就绝不会出尔反尔。所以他得到了曹操、曹丕、曹叡等几代皇帝的信任与重用。

当刚刚即位的曹丕下诏要求宫廷大臣举荐人才的时候，大度的华歆推举了管宁与王朗。甚至退休的时候，还想将自己太尉的位置让给管宁，可皇帝没有同意。

华歆既有大侠风范，不计较得失，又不过分渲染自己的名声，他算得上顶级名流！

到底怎么才能成为名流呢？自然要赢在起跑线上，得从娃娃抓起！于是便有了《咏雪》《陈太丘与友期行》等故事。

一个寒冷的大雪天，东晋淝水之战的功臣谢安正在举办家庭集会，大家坐在一起谈论诗词歌赋。望着窗外的大雪，谢安借机考察晚辈们的智商与才华，他问道：“你们看，外面纷纷扬扬的白雪像什么呢？”

侄子谢郎（谢安哥哥谢奕的大儿子，小名胡儿）迫不及待地表现：“这不就是撒在天空中的盐嘛！”

谢安无语了，这孩子想象力倒挺丰富，可哪有一点诗情画意呢？看风景还想着吃，不愧是个小吃货啊！

这时，侄女谢道韫（谢奕的女儿）站起来，说道："我看像随风舞动的柳絮！"

终于来了个撑得住场面的！谢安高兴地笑了。后来，谢道韫不仅做了王羲之的儿媳妇，还成了著名的才女，《三字经》里也有她的一席之地："蔡文姬，能辨琴。谢道韫，能咏吟。"

优秀的小孩除了智商在线，情商也得在线。

东汉时期的名人陈寔，曾做过太丘的行政长官，所以又叫陈太丘。他为官清廉，品行高尚，给儿子们树立了好榜样。

他的大儿子陈元方从小就与众不同。

一天，陈太丘跟一个朋友相约去一个地方，定的时间是正午。正午一过，朋友没有准时赴约，陈寔就先走了。等到朋友赶来，看到在门外玩耍的陈元方，问道："你老爸在不在啊？"

七岁的陈元方回答道："他看您没来，已经走了。"

嘿，怎么也不等我？对方生气地嘟哝道："真不是君子！明明跟我约定好一起去的，却独自先走了！"

陈元方一听就火了，你怎么能在小朋友面前骂他的父亲呢？但陈元方并没有直接开骂，而是有理有据地反驳道："您跟我父亲约好正午走，却没有准时到，这叫不讲信用；现在您又不分青红皂白，对着别人的儿子骂他父亲，这叫没有修养。"

陈太丘的朋友无语了，自知理亏，赶紧上前想要握住小朋友的手。

陈元方不干了，这样不讲信用又没有水准的人岂能结交？小丈夫也有所为有所不为，不想跟你这种人套近乎！他头也不回，走进自己家门。

沉着冷静而又伶牙俐齿，陈元方初具名流气质。十一岁的时候，他前去拜访当时大名鼎鼎的袁绍，又上演了一出好戏。自认为天下第一流的袁绍瞥了一下眼前的小不点，问道：“你父亲担任太丘长官，远近的人纷纷点赞，他到底做了些什么啊？”

陈元方抓住重点，冷静应对：“我的父亲在太丘的时候，用恩德安抚强者，用仁爱对待弱者，给了百姓空间与自由，让他们安居乐业，专心劳作。所以，大家越来越尊敬他。”

袁绍不屑地哼了一声，这不是我玩过的套路吗？于是说道：“我以前在邺县担任县令的时候，也是这么做的。不知道是你父亲模仿我呢，还是我模仿你父亲呢？”

对方咄咄逼人，但袁绍地位尊崇，岂能直接撂他挑子？可是不给他点颜色，岂不有损父亲的英名？陈元方回答道：“周公、孔子生在不同的时代，但他们的所作所为出奇地一致。周公没有效仿孔子，孔子也没有效仿周公。”

你跟我父亲都是厉害的人，谁也没学谁！既给了袁绍面子，又挽回了父亲的尊严。

大名流袁绍对着小名流陈元方点点头，你牛！

而《世说新语》的主编刘义庆从小就兼具了谢道韫的才华和陈元方的冷静。可惜，名流终究干不过命运。编完《世说新语》之后，四十一岁的刘义庆就身患重病，离开了人间。

想要做名流，必须先出身贵族。如果出身低微，还想做名流，该怎么办呢？一个寒门子弟试图通过自己的努力，冲破世俗的偏见与制度的束缚。

◆参考资料：

1. 中华书局编辑部：《二十四史：简体横排本》（全63册），中华书局，2000 年 1 月第 1 版。

2. 李延寿：《南史 · 刘义庆传》，中华书局，1975 年 6 月第 1 版。

3. 朱碧莲、沈海波：《〈世说新语〉选译新注》，中华书局，2014 年 9 月第 1 版。

4. 宁稼雨：《刘义庆的身世境遇与〈世说新语〉的编纂动因》，《湖北大学学报（哲学社会科学版）》，2000 年第 1 期，第 57—60 页。

《与朱元思书》——他的文章成了流行时尚的奢侈品牌

为什么，为什么？他现在不想看到任何与火相关的东西，只能走水路回故乡。唉，多年的心血毁于一旦，毕生的追求止于今朝。吴均疲惫不堪，眼含泪水，一个草根想要翻身为何这么难？前半生的奋斗和努力历历在目，他真的不甘心，我比那些生下来就富贵的公子哥们差在哪了？

吴均出生于刘宋朝宋明帝时期，吴兴故鄣（今浙江省湖州地区）人。在门阀士族制度依然占据强大市场的南北朝，依旧是“上品无寒门，下品无世族”，寒门子弟很难出头。吴均有一个梦想，希望通过努力与奋斗改变命运，于是，他刻苦学习，钻研学问。他文才出众，受到了不少人的赏识。当时的文坛领袖沈约看到吴均的文章，很是赞赏。

可是别人对他的夸奖也仅止于点赞。没有良好的家世，没有强大的老爹，好难翻身啊！当时，刘宋朝大将萧道成迫使宋顺帝主动下岗，自立为帝，建立齐朝。大家忙于争权夺利，平均三年换一个皇帝。齐武帝、齐明帝等人根本看不起读书人，认为他们只配读书，百无一用。所以，吴均的才华反而成了他进入官场的障碍。怎么办？

掉转船头，从军！

这条道路对于寒门子弟来说，风险高收益也高，因为那些士族子弟根本不屑参军。吴均去了边塞，虽然没能打仗立功，却开阔了眼界，提升了写作水平，这些经历给他的诗歌注入了一股刚健的军人气。与新结识的各路朋友互通信件，互赠诗歌，也提升了他的名气。

不久，雍州（包括今宁夏全境及青海、甘肃、陕西、新疆部分、内蒙古部分）刺史萧衍手握大权，赶走了齐朝的皇帝，建立梁朝，定都建康（今江苏省南京市）。

新朝代应该有新气象。果不其然，萧衍本身就是个典型的文艺青年，对读书人特别重视，吴均依稀之中看到了些许的光亮。旧相识柳恽出任吴兴太守，他欣赏吴均的才华与文字，抛来了橄榄枝，做我的助理与秘书如何？

吴均成了柳恽的主簿，两人虽是上级与下级，士族与寒族的关系，但这并未妨碍他们成为朋友。日子过得平淡而无聊，吴均不甘心，难道一辈子就当个秘书吗？两年后，北魏南侵，梁武帝决定派兵迎敌，大战一触即发。

之前没有上过战场，现在机会就在眼前，岂能错过？于是他告别上司，希望到边疆大展拳脚。柳恽通情达理，并未阻碍，还将吴均推荐给了梁军主帅、梁武帝的弟弟——临川王萧宏，最后不忘赠诗鼓励，去了好好干！

梁魏之间的战争没过多长时间就结束了，吴均并没有充分展示才能的机会。但是柳恽、萧宏等人的大力推荐，让梁武帝对吴均产生了兴趣。吴均真有那么好吗？招来看看！

梁武帝看过吴均当场写的大作之后，不由点赞，好，很好！

吴均顺利地通过了“老板直聘”，担任待诏，随时听候皇帝的诏令而写作。官职不大，机遇很好，能与皇帝近距离接触，只要有才能，随时都能被发现。

可是伴君如伴虎，不善于察言观色、迎合逢迎的人容易遭人暗算与陷害。吴均写出来的诗歌大多反映社会现实与理想抱负，带有一股复古之风，和当时追求刻意雕琢、色彩艳丽而内容空洞的主流文学格格不入。加上他不善于揣摩主子的心思，越来越不讨皇帝的欢心，以至于梁武帝把他同另外一个文人何逊相提并论，并做出重要批示："吴均不均，何逊不逊。"

吴均名不符实，何逊并不谦逊。

好不容易得来的机会就这样没了，吴均不甘心，他又掉转船头。写诗容易得罪人，那我写部《史记》那样的著作如何？他准备学习司马迁，凭一己之力撰写《齐书》，向朝廷借记录前朝宫廷历史与秘闻的资料——起居注与群臣行状。

梁武帝又不高兴了，不知天高地厚，皇家秘闻能给你一个小小的底层官员看吗？万一看到我之前不光彩的一面怎么办？所以他没有答应吴均的请求。

不让我修，我偏要修！吴均开始一边找工作，一边私自撰《齐春秋》。梁武帝的另外一个弟弟建安王萧伟也喜好文学，礼贤下士，仁义宽厚，寒门子弟都争着为他做事。萧伟向失魂落魄的吴均伸出了援手，让他担任自己的助理兼书记员（记室），吴均总算过上了比较稳定的生活，为他撰写《齐春秋》提供了客观条件。

过了几年，建安王回到中央任职，吴均也升任奉朝请。（奉朝请是一种比较闲散的官，皇帝开会的时候，有列席会议的资格，也能发表意见。古时称春季的朝见为"朝"，秋季的朝见为"请"。）

多年的坚持迎来了丰收的季节，《齐春秋》终于完成了。吴均小心翼翼地摸着一卷卷书籍，信心满满，意气风发，这下该轮到我上场了吧？他满怀期待地向梁武帝献出三十卷《齐春秋》。皇帝大人，看看吧，我的才能可不限于诗词歌赋呢！

这小子，有点能耐嘛！

梁武帝翻着厚厚的《齐春秋》，露出了微笑。但当他看到“齐明帝佐命之臣”几个字的时候，脸色风云突变。放肆，大胆！你竟敢直白地记录朕乃前朝皇帝任命的辅佐大臣？这不是说我是乱臣贼子吗？天下人看了会怎么想？

吴均本着客观公正的实录精神，历史发生了什么，就记录什么，隐瞒篡改岂能写出一部好的作品？可是你拿这样的作品给皇帝看，岂不触及了他内心深处的隐痛？梁武帝萧衍是齐朝的大臣，手握兵权的他逼迫皇帝退位，自己登上龙椅，现在他正在想方设法吹嘘梁朝的合法性呢，你却揭开了他的伤疤。

愤怒的梁武帝又做出重要批示：吴均不仅不均，还不实，写的书籍错误太多，必须处理。皇帝一怒，众人跟风。中书舍人刘之遴找出《齐春秋》里的数十条错误，当场指责刘均。原本就被吓得魂飞魄散的吴均懵了，一时竟然不知道该如何辩解。其实写书写文章难免会出现错误，只要认真修改就行了。

可这一次，他没有修改的机会了。梁武帝下令焚烧《齐春秋》，免掉吴均的官职，回去面壁思过吧！

面对熊熊大火，吴均心如刀绞。十几年，三十卷，就这么没了！哪怕把其中有错误的章节和字句删掉也好啊！为什么都烧了呢？他胸口仿佛被两块巨大的石头前后夹击，喘不过气来。

唉，世界这么大，先去看一看，美丽的山水也许能平复我受伤的心。

富春江上，乘着小船，吴均漫无目的地漂流。清澈见底的江水中，鱼儿欢快地游荡，水草婀娜地荡漾。前方水面有落差的地方，水流仿佛射出去的利箭。

江的两岸，树林茂密，两边横斜的树枝交叉，遮蔽了炎热的阳光，让人感觉有点寒冷。高山争着向高处和远处伸展，形成了无数个耸立的山峰。山上的泉水奔过巨石，声音清脆；美丽的小鸟互相和鸣，和谐动听。蝉声、猿声、鸟声连续不断，充盈耳畔。

唉，面对如此雄奇的高峰、幽美的山谷、茂密的树林，还费心劳神去追求名利干吗？想着那些烦心事干吗？

吴均的心情慢慢平静下来，世界的确很大，人生如此短暂，何必执着于一小块地方？回到家乡，他给好朋友朱元思写了一封书信，讲述了自己游玩的经历与思想的变化。这封书信就是著名的《与朱元思书》，描写了富春江的极致美景："风烟俱净，天山共色。从流飘荡，任意东西。自富阳至桐庐，一百许里，奇山异水，天下独绝。

"水皆缥碧，千丈见底。游鱼细石，直视无碍。急湍甚箭，猛浪若奔。

"夹岸高山，皆生寒树，负势竞上，互相轩邈，争高直指，千百成峰。泉水激石，泠泠作响；好鸟相鸣，嘤嘤成韵。蝉则千转不穷，猿则百叫无绝。鸢飞戾天者，望峰息心；经纶世务者，窥谷忘反。横柯上蔽，在昼犹昏；疏条交映，有时见日。"

回到家乡故鄣，吴均游山玩水，利用空闲的时间创作了一本神话志怪小说——《续齐谐记》，用生动的文笔讲述了有趣的神仙鬼怪传说故事。人世间得不到的东西，就去玄幻的世界里寻找吧！

他还时不时写封书信，跟朋友们吐个槽，分享自己的快乐与想法。

他的书信犹如优美的散文与画卷，在南朝奢华绚丽的文风中独树一帜，引领时尚潮流。很多人甚至刻意模仿他的文体与风格进行写作，大家称之为"吴均体"，成为当时文学界的流行风尚。

这不，他又写了一封书信——《与施从事书》，赠给朋友，介绍推广家乡的旅游资源。

故鄣县往东三十五里，有座青山，绝壁千尺，直入云霄；绿色的屏障千重百叠，清澈的河水千回万转。归巢的鸟，争相飞行；喝水的猴，手臂相携。春天，小草覆盖道路；秋天，露水化作白霜。风雨突来，天昏地暗；鸡鸣不止，处处生机。此情此景，使人心旷神怡，忘却忧愁。

有心栽花花不开，无心插柳柳成荫。梁武帝励精图治，准备主持编修一部记录从三皇五帝到齐朝历史的书籍——《通史》。他想到了吴均，老吴文章出众，学识渊博，找他来担任主编吧！

幸福来得稍微晚了一些。

吴均重返京城建康，埋头修史，留给他的时间不多了。写完本纪、世家的内容，年过半百的他操劳过度，得了重病，只能请求返乡休养。

此时的他已经不再执着于功名利禄，也许看清了官修历史无法做到绝对实录的缺陷，也许感到自己的大限将至，此次回乡之后，他再也没有出来。他写了一封书信——《与顾章书》给朋友顾章："仆去月谢病，还觅薜萝。梅溪之西，有石门山者，森壁争霞，孤峰限日；幽岫含云，深溪蓄翠；蝉吟鹤唳，水响猿啼，英英相杂，绵绵成韵。既素重幽居，遂葺宇其上。幸富菊花，偏饶竹实。山谷所资，于斯已办。仁智之乐，岂徒语哉！"

我因病辞官，回到家乡寻找隐居的地方。梅溪的西面，有座石门山。这里有水有鸟有风景，我建了好房子，喝着菊花茶，吃着竹子米，嘿，再也不想出去了。

五十二岁的吴均在隐居之处结束了坎坷而又短暂的一生。

另外一个与他同时代出生的人，却潇潇洒洒活到了八十一岁。

◆参考资料：

1. 李延寿：《南史》（全6册），中华书局，2016年3月第1版。

2. 黄崇浩：《吴均生平与著述考索》，《文献》，1998年第4期，第218—230页。

3. 杜鹃：《简述齐梁诗人吴均的创作背景》，《辽宁师专学报（社会科学版）》，2011年第5期，第21—22页。

4. 谢永攀：《吴均与“吴均体”》，《文史知识》，2003年第4期，第64—69页。

5. 强薇、段一：《梁代文学家吴均其人其诗》，《兰台世界》，2015年第3期，第98—99页。

6. 郑天挺等：《中国历史大辞典》，上海辞书出版社，2007年8月第1版。

《答谢中书书》——
虽然集万千宠爱于一身，但我只爱山山与水水

南朝宋孝武帝孝建三年（456年），丹阳郡秣陵（今江苏省南京市江宁区），一个小孩含着金钥匙出生在士族家庭。按照门阀制度的潜规则，在不远的将来，朝廷的某个重要职位已经在等着他了。

这样的人生，幸运却也枯燥。

他从小就不需要担心考试和前途，可以根据爱好自由选择读书的内容。他喜欢读《神仙传》（东晋时期著名隐士、道家代表人物葛洪写的神仙志怪小说集）。怎样才能长生不老呢？怎样才能像神仙一样潇洒自由呢？

小小年纪，他想的不是如何治国平天下，而是如何躺平做神仙。十五岁时，他就写了一篇对仗工整、气势磅礴的骈体文——《寻山志》。我将来要寻一座名山，隐居在世外！

他一边钻研文化课程，一边钻研药学知识，写得好文章，做得大专家。

他叫陶弘景，在众多不学无术的士族子弟中出类拔萃。齐朝高帝萧道成亲自点名二十岁的陶弘景担任王子们的陪读与老师。

按部就班地做官、升职，陶弘景年纪轻轻就成了左卫殿中将军。

但是他无心仕途，跑去拜道士孙游岳为老师，学习占卜、经法等道家理论知识，收集魏晋时期名医所用的新药方，整理前代留下来的医药书籍。读万卷书，还得走万里路。他又开始频繁造访名山，拜访各地的居士和法师，寻找仙丹妙药的炼制秘籍，最后在茅山（位于今江苏省句容市）得到了著名道士的手书真迹。

他坚信，梦开始的地方在茅山！做官太浪费求仙得道的时间了，仙药比较少，我要去寻找！做官挺劳累，我要去求仙！他干脆裸辞，挂冠而去。我不想为朝廷工作了，我要为自己打工，再见！

从此，陶弘景隐居茅山，成为上清派道教（东晋时期形成的一个道教派别，强调人体内精气神的修炼）的继承人，终于可以深入钻研自己喜欢的学说了。

正在此时，一双熟悉而又犀利的眼睛向他投来求助的目光。

士族的圈子本来就很小，出身兰陵萧氏的萧衍在齐朝担任雍州刺史，和陶弘景很早就已经相识。后来，萧衍参与抵御北魏入侵，枪杆子越来越多，野心越来越大，打算自己当皇帝。怎么才能名正言顺呢？怎么才能让大家信服呢？

控制军队是实力，制造舆论是魅力。得造势！怎么造呢？陶弘景不是擅长占卜和道术吗？让他算算，我怎么才能站到道德的制高点。

在远古时代，因为文化与科技水平比较低，君王、贵族们做什么重要的事情（如打仗、娶妻生子等）之前，都要问问上天与祖先：这么干行不行啊？那样做好不好啊？天神们、祖宗们，给个指示啊！多多保佑啊！

于是就有了祭祀活动。活动之前必须梳洗打扮，进献贡品、上香跪拜，必须规规矩矩，否则会冒犯上天与祖宗。

如何打通和天神、祖宗们沟通的道路呢？

占卜吧！

把占卜人的姓名、所问之事及占卜过程、结果等刻在龟甲或兽骨上，有时顺便记录一下占卜时发生的“八卦新闻”，于是就有了甲骨文与卜辞。卜辞是写给天神与祖宗们看的小文章。

那怎么才能明白天神祖宗们给的最新指示呢？

巫师把龟甲或兽骨放到火中，甲骨正面烧出裂痕。巫师装模作样地看着不同的裂纹，念几句“天灵灵地灵灵神仙祖宗们快显灵”，然后一本正经地解读天神祖宗的指示，用刀刻在龟甲或兽骨上，作为绝密档案埋在地下。

至于有没有用，有时可能瞎猫碰上死耗子说对了，那就是有用的；说得不对也没关系，也许是天神祖宗们睡过了头，忘记下达指示了。甲骨上的裂纹只要按照现实统治者们的真实想法来解读，就不会有错。天子想打仗了，你就说裂纹是打胜仗的吉兆啊！天子想娶老婆了，你就说裂纹上显示了黄道吉日啊！

随着社会的发展，占卜的技术在提高，占卜所用物品也在改善。陶弘景非常擅长占卜之术，还专门写了关于占卜的书籍：《帝王年历》《员仪集》《玉匮记》等。虽然隐居世外，但是齐朝皇室内部争权夺利导致政权极不稳定，影响社会的安稳，也必将破坏陶弘景修行的安静。那就帮帮老朋友萧衍吧！

经过一番“推算”，他得出一个“梁”字，“梁”由水、刅、木三个字组成。据我个人的理解，陶弘景这是千方百计解释政权演变人——萧衍的合法性与合理性。“衍”字里也有三点水，“刅”有两刃刀的意思，水创造了木，实现了理想，成为国家的脊梁。

陶弘景又把预测的内容变成“图谶”，让弟子献给萧衍。图谶是古代宣扬迷信的预言、预兆的书籍，附上一些神神道道的让人看不懂的图画。唐朝有两个叫袁天罡和李淳风的道士，被人吹得神乎其神，据说能预测未来的事情。唐太宗李世民不相信，叫他们预测下科举考试的状元是谁。两位道士经过一番推理，说出“狄仁杰”三个字，众人惊叹不已，其实唐太宗早就有意点名狄仁杰为科举状元了。

后来一些文人看到占卜是个很有前途的职业，也想学习占卜。巫师们算得了命，我们为何算不得？他们在儒家经典书籍中找出一些能与巫师、方士编造的预示吉凶的隐语牵强附会的内容或句子，发展成谶纬之术。看看，儒家老祖宗们也是这样说的，肯定不会错了！

当时，萧衍率领大军准备推翻齐朝政权，但犹豫不敢前进，得到陶弘景的图谶之后，信心大增。看来我当皇帝乃天命所为啊，那还怕什么？为了打好舆论宣传战，萧衍命人将陶弘景的占卜内容变成可以传唱的歌谣，在老百姓中间传唱，什么“水刅木”将要代天下了，什么“行中水，为天子”了。

很快，一传十，十传百，“梁代齐”成了全国皆知的秘密。

萧衍利用枪杆子打下江山，利用图谶迷惑人心，顺利地完成了朝代的更替。萧衍实力雄厚，占卜只不过是打了一针强心剂罢了。

从此以后，国家只要遇到吉凶征讨的大事，梁武帝萧衍便派人到茅山请教咨询，有时一个月往来好几封书信，当时的人称陶弘景为“山中宰相”。但梁武帝让陶弘景占卜，不过是求个心安罢了，未必真的相信那些占卜的事情。

他时不时派人去茅山，其实还有一个主要目的：希望陶弘景帮忙炼制仙丹。

道家讲究养生之术，经过历代人的试验与积累，记录下来不少养生的方法等。陶弘景自从隐居茅山之后，就注重整理《神农本草经》及《名医别录》，又增加了魏晋时期名医与民间的新药方，编成了七卷《本草经集注》，共收录药物七百多种。因为前代的本草著作中没有统一的药物分类标准，他首创了沿用至今的药物分类方法，以玉石、草木、虫、兽、果、菜、米食分类，给后世编写医书提供了重要借鉴，也为唐朝《新修本草》的编撰奠定了基础。

他还写了《养性延命录》，收录魏晋以来各家养生学说。所以，陶弘景也是个医术高超的养生专家。

帝王除了长寿之外，什么都能得到，所以历代帝王不惜一切代价寻找能长生不老的药物，招募天下懂得炼药的专家，梁武帝也不例外。身边就有一位养生达人，岂能轻易放过？他送来黄金、朱砂、曾青、雄黄等原料，老陶，尽快练出长生不老仙丹，这是请求也是命令！

古人觉得植物本身是会腐烂的，所以草本植物做成的药并不能帮助人长寿，而黄金万年不朽，所以肯定存在某种能够让人长生不老的成分。其实从现代科学角度来看，食用黄金对人体并无任何好处，天然黄金中含有大量铅、汞等重金属成分，服用后容易慢性中毒。但吃了各种药物混合炼成的丹药有时会让人感觉神清气爽，飘飘欲仙，所以很多骗子为了得到赏赐与富贵，会打个时间差，吹嘘自己的灵丹妙药。反正吃了又不会马上死掉，即使哪天他们突然死掉了，谁能证明是因为吃了我的仙丹啊？

汉武帝时期的李少君便是其中一位大忽悠。他只学到了一些采药制药的初步技术，穷得连炼丹的金石原料和草药都买不起。他对人说：“我又老又穷，就是拼死种田，也凑不齐买药炼丹的钱。听说当今天子爱好道术，我要去朝见他，求他助我炼丹。”

别人以为他痴人说梦，他却用实力证明什么叫“饿死胆小的，撑死胆大的”。

哪个皇帝不想长寿？即便仙丹没有效果，对他们来说，投入也只是小菜一碟。汉武帝心动了，立刻召见李少君。

李少君开始了他的个人脱口秀表演：“我曾经在海上漫游的时候，遇到了仙人安期先生，看见他正在吃一种像瓜一样的枣子。他活了几百年，却依然如少年。他说相见就是缘分，便将炼制仙丹的秘方传给了我。”

汉武帝半信半疑，这年头，骗子太多，不过被骗的成本根本不算个事。赏，要什么赏什么，好好留下来帮朕炼制仙丹。就这样，李少君在一天之内，实现了财务自由。

但是，忽悠绝技不可能一次成功，得加把劲，将大家求仙问道的火烧得更旺盛一些。

李少君与武安侯田蚡一起参加宴会，看到座位上有个九十多岁的老人，他觉得是时候展现演员的自我修养了，于是走上前去，问老人的姓名，然后一本正经地点点头：“我曾经和你祖父一起在深夜喝酒聊天，那时你还很小，没想到，一转眼你都这么大了！”

大家觉得不可思议，这个李少君什么来头？年纪真的那么大了？看起来不像啊！

那就再来点烈火！

有一次，李少君看见汉武帝旁边的旧铜器，就上前忽悠道：“我认识这件铜器，我曾经看到齐桓公把它摆在自己的床头。”

汉武帝细看铜器上刻的字，真的是春秋时期齐国的铜器，李少君居然活了这么长时间！但是他看上去只有五十来岁，脸色白里透红，与众不同！最近吃了他炼的丹药，的确感觉身体强壮了，腿也不疼了，腰也不酸了！

王公贵族们听说李少君能让人长生不老，又得皇帝宠幸，提着钱就往他家里送。没多久，他家里的金钱堆积成山。穷小子华丽转身，纵情享乐，真的成了活神仙。

什么都有了，该是告退的时候了，如何退呢？

为了不被满门抄斩，李少君又发挥他那影帝级别的表演技能，演了一出天外飞仙的压轴大戏。“死去”的李少君尸体忽然不见了，只留下了一套衣服。汉武帝懵了，老神仙，太不够哥们儿了，怎么不带我一起上天呢？

陶弘景不是李少君，他是真有两把刷子的。不仅懂得医药知识，还亲自炼制丹药，在药物的鉴别、选择、炼制等方面都有深入的研究，他炼制的丹药虽然不能让人长生不老，但能让人身轻体健。

可是，梁武帝要求的是永远不死！

迫于皇帝的压力，陶弘景用先后二十年的时间炼“仙丹”，但炼了很多次都没有成功。他对急不可耐的梁武帝坦白道：“吾宁学少君邪？”我怎么能学李少君那样的骗子呢？不行就是不行！

为了找寻更好的炼制原料，有一段时间，他走出茅山，寻访各大名山，欣赏了很多美丽的风景。他将所见所闻写成书信，寄给朋友们，其中就有著名的《答谢中书书》：“山川之美，古来共谈。高峰入云，清流见底。两岸石壁，五色交辉。青林翠竹，四时俱备。晓雾将歇，猿鸟乱鸣；夕日欲颓，沉鳞竞跃。实是欲界之仙都。自康乐以来，未复有能与其奇者。”

关于谢中书是谁，史学界有好多种说法。有人认为是谢朓，也有人认为是谢览，还有人认为是谢朏，不管他是谁，看文章就好。

巍峨的山峰高耸入云，清澈的溪流汩汩流淌。两岸的石壁色彩斑斓，茂密的树林郁郁葱葱，翠绿的竹林摇曳生姿。清晨，薄雾消散，猿鸟鸣叫，此起彼伏；傍晚，夕阳西下，鱼儿跳跃，争相出水。实乃人间天堂啊！

老在外面游荡也不是办法，你快活了，朕怎么办？梁武帝赶紧建造了太清玄坛，迫不及待地把出走的陶弘景迎回了茅山。给你大别墅，好好给我炼丹吧！

经过长期的摸索与实践，陶弘景找到并完善了“上清九转金丹”的炼制方法。经过多年的努力，他终于练成了“仙丹”，这“仙丹”实际上也就是强身健体的大补丸。据说梁武帝吃了以后，身体轻盈，飘飘欲仙，青春的小鸟飞回来了！

武帝大力点赞，弘景是个好同志！

陶弘景把炼药过程中发现的药物特性与治疗疾病的方法，编写进了《集金丹黄白方》《药总诀》等专业书籍。上清派在他的努力下发扬光大，茅山也成了上清派的中心。

闲来没事的陶弘景写写字、作作画，一直活到八十一岁，而梁武帝在他药物的调养下，活到了八十六岁。在古代，两人都算是长寿之人了。

但同样出身士族的郦道元就没他这么幸运了。

◆参考资料：

1. 刘永霞：《陶弘景与萧梁王朝》，《形象史学研究》，2011 年年刊，第 30—41 页。

2. 张兰花：《“山中宰相”：南朝奇人陶弘景》，《文史知识》，2006 年第 9 期，第 71—78 页。

《水经注》——地理也可以很有趣

在讲究门阀等级制度的魏晋南北朝时期，郦道元的出身让他具备了到处旅游的雄厚资本。他的父亲担任青州（今山东省青州市）刺史，少年时期的郦道元随父亲游历了很多地方，观察各地风土人情，搜集当地的历史故事、神话传说。他尤其喜欢研究水流的变化，瀑布、江河、水花等都深深吸引着他。为了了解大千世界的神奇，郦道元刻苦学习，广泛阅读，无论到什么地方，他都会带着书籍，力求弄懂读透书中记载的内容，对不同书籍中记载的有出入的地方，更是深入研究其中的原因，甚至会实地考察，亲眼看看书中所写的地方究竟是什么样子。

父亲去世以后，他世袭了父亲的爵位，通过"拼爹"进入了官场，出任尚书郎。因为他执法公正严明，不偏不倚，被御史中尉李彪推荐，升任治书侍御史（负责审判疑难案件）。后来被下放到地方担任冀州镇（今河北省衡水市冀州区）东府长史。

郦道元为官极讲法律，不讲情面，要求严格，对待那些犯罪的人绝不手软，所以冀州城内的奸人盗贼们纷纷下了岗，跑到其他地方再就业、再创业。老郦太狠了，在他手下没法干打家劫舍的生意啊！

因为政绩突出，郦道元升任鲁阳郡（今河南省平顶山市鲁山县）太守。他在这里建立学校，推广教育，教化乡民。遵纪守法，一切好谈；违法犯罪，严惩不贷。一时间，鲁阳郡的官吏失去了腐败贪污的机会，手掌痒痒，心里慌慌。

郦道元转任东荆州（今河南省驻马店市泌阳县）刺史以后，执政的风格依然可以用一个字来概括——“猛”。懒政不作为的，怕他；贪污受贿的，怕他；利用关系做生意的，怕他；仗着特权作威作福的，怕他。

有人联合起来到皇帝那边告状，说郦道元太过苛刻，群众不满意，希望把他调走。恰逢此时，郦道元在工作上又犯了点小错误，最终被皇帝罢了官，结果罢出了一个伟大的地理学家、文学家。

罢官期间，闲来无事，郦道元看着早已经被他翻烂了的《水经》，一个大胆的想法在他的脑海里浮现：《水经》对河流的记录太简单了，很多地方都让人读不懂，我为何不对它进行注释呢？让简单的记录丰富起来，让难懂的内容通俗起来。对，对！我可以结合多年的游历经验和从各类书籍中获得的知识，让《水经》变得更好看。

《水经》简要记述了全国一百多条主要河流的水道情况，原文只有 1 万多字，记载相当简略，缺乏系统性，对水道的来龙去脉及流经地区的地理情况描述得也不够具体。它的作者有争议，《旧唐书·经籍志》认为郭璞是作者，但《新唐书·艺文志》说桑钦是作者，宋朝以后大多认为《水经》是桑钦写的。

无论是谁写的，《水经注》一出，人们只记住了郦道元，因为他写得太好了。虽然是以《水经》为蓝本进行注释，但实际上他是在《水经》框架基础上进行再创作。全书记述了 1252 条河流，以及有关的历史遗迹、人物掌故、神话传说等，文字比原著增加了 30 多倍，内容也丰富生动得多。

它既是学术著作又是通俗畅销读物，吃、喝、玩、乐、游、娱……统统都有。好看好玩又有营养，好书等你来发现！

郦道元是个严于律己、要求很高的人，他不想只做个书籍搬运工，还要做个实地考察者。他一生辗转各地做官，常常在工作之余对《水经》里的记录进行现场调查，搜集当地的地理著作和地图，走访当地的老百姓，考察各地河流干道和支流的分布，以及河流流经地区的地理风貌。

带上干粮与水壶，吹着郊外的冷风，探寻古代的遗迹，追溯河流的源头；放低身份与姿态，深入田间地头，采集民间歌谣、谚语和传说；拿起毛笔与纸张，随时随地记录，积累第一手原始资料。夜深人静之时，郦道元点上油灯，整理所见所闻，反复研究对比河流的改道、地名的变更、城镇村落的兴衰等，还引用了四百多种历史文献、资料、碑刻等。

经过长年累月的坚持，《水经注》超越了单纯的地理书籍，变成了一部百科全书。只要是跟河流相关的资料，《水经注》里基本都有。既有教科书的严谨，又有课外书的好玩，所以这部著作令人百看不厌，实在很有趣啊！

让郦道元没有想到的是，这本书还给后世文人创造了大量的就业机会，很多人专门研究《水经注》，渐渐地形成了一门学问——郦学。

郦道元

《水经注》的魅力不仅仅在于它丰富的内涵，还在于它美丽的外表，郦道元的文字简洁生动，带有一股清新的味道，让人读起来，就是一个字——爽！

节选自《江水》篇章的《三峡》就是其中的典型代表："自三峡七百里中，两岸连山，略无阙处。重岩叠嶂，隐天蔽日，自非亭午夜分，不见曦月……每至晴初霜旦，林寒涧肃，常有高猿长啸，属引凄异，空谷传响，哀转久绝。故渔者歌曰：'巴东三峡巫峡长，猿鸣三声泪沾裳。'"优美生动地再现了长江三峡雄伟险峻的景色与四季不同的风光。

关于《三峡》这段文字的作者，历史上也有很大的争议，有人认为这段文字出自南朝刘宋时期盛弘之写的《荆州记》。我个人认为，郦道元在编写《水经注》的时候，引用了大量的书籍，在别人的基础上有所加工也不是没可能。不过《三峡》这段文字挺符合郦道元的写作风格，带有郦氏特色：在描绘景色的同时，时不时来点对风土人情的描写和民间谚语。

比如在《江水》中有一句对黄牛滩的描写："故行者谣曰：'朝发黄牛，暮宿黄牛。三朝三暮，黄牛如故。'"用民间歌谣形象夸张地再现了黄牛滩的险峻。早上从黄牛滩出发，因为水流湍急，始终渡不过去，所以晚上还在黄牛滩，三天三夜，依然无法前进半步。

而《漯水》中的描写又极具诗情画意："桑干枝水又东流，长津委浪，通结两湖，东湖西浦，渊潭相接，水至清深，晨凫夕雁，泛滥其上，黛甲素鳞，潜跃其下。俯仰池潭，意深鱼鸟，所寡惟良木耳。"所以明代散文家张岱在《嫏嬛文集》中指出："古来记山水手，太上郦道元，其次柳子厚（即唐代柳宗元，笔者注），近时则袁中郎（即明代袁宏道，笔者注）。"

写山水文章，郦道元是祖师爷。

是金子总会发光。后来，北魏孝文帝迁都洛阳，又重新起用多才多艺的郦道元，担任河南尹，治理新都城。没过多久，工作出色的郦道元又升任安南将军兼御史中尉，一如既往地执法严厉，一如既往地得罪同僚。京城不比地方，这里达官贵人云集，貌似哪个都得罪不起。郦道元偏不信邪，始终不忘初心，一视同仁。汝南王元悦有个心腹侍从叫丘念，作恶多端、坏事干尽，郦道元准备将他捉拿处死。丘念躲进汝南王府，小样，你郦道元胆再大，也不敢到王公贵戚的家中拿人吧？有本事，你过来啊！

好的，我这就过来！

郦道元岂是凡人？不达目的不罢休！他通过暗访，得知丘念偷偷返回自己家中的时间与路线，于是下令半路出击，立即逮捕。汝南王元悦上奏太后，请求保全丘念。如果公开杀了我的侍从，我的面子往哪搁？于是太后下令赦免了丘念。

眼看小人即将得逞，法律将被践踏，郦道元抢在太后命令下达之前就把丘念处死了，并以此事检举元悦的不法行为。从此，汝南王与他势不两立。

因为坚持公平公正，郦道元又得罪了城阳王元徽。

元徽诬陷自己的叔父元渊，郦道元查清事实真相以后，秉公执法，如实上奏，还了元渊清白。城阳王元徽咬牙切齿，暗暗发誓，总有一天，我要弄死你。

南北朝时期，大小战争不断，国家急需闲时能管理、战时能打仗的官员。既懂地理天文，又能严明军纪的郦道元经常被朝廷派往各地征战，曾平叛过徐州（位于今江苏省徐州市睢宁县古邳镇）刺史元法僧的反叛。在历次战斗途中了解到的地理知识，也被他写进了《水经注》。

《水经注》记载了历史上各地发生的大小战役战斗不下三百次，

而且对对于作战双方而言特别重要的地理条件，如山岳、关隘、河川、渡口、桥梁、仓储等进行了详细描述。山与水往往是决定古代战争胜负最重要的客观条件，尤其山中的隘口更是兵家必争之地，《水经注》重点记载了各地的重要关隘一百四十多处。

郦道元把地理书籍上升到了军事书籍的高度，没有丰富的实战经验，又怎能写出？

文武全才容易遭人嫉妒，更何况是不懂圆滑、触犯权贵的人。朝中无数双仇恨的眼睛时刻盯着郦道元，不弄死他誓不罢休。但郦道元出身高贵，又是朝廷命官，而且政绩显赫，平时严于律己，想要置他于死地，不是件容易的事情。

那就先抬后杀。捧杀他！

齐王、雍州刺史萧宝夤拥兵自重，图谋反叛，战争一触即发。北魏孝明帝与大臣们商量，得派一名得力大臣前往雍州巡视安抚，探听萧宝夤的虚实情况。派谁去合适呢？大家你看看我，我看看你，此番前去，必死无疑。

死？众多仇视郦道元的人兴奋了，城阳王元徽等人带头举荐郦道元。除了文武双全的他，谁还能担此重任？皇帝和太后用力地点点头，立即任命郦道元担任关右大使，去安抚并监视萧宝夤。

提前得到消息的萧宝夤必然不会坐以待毙。让郦道元进来，岂不等于让一根钉子插进我的心脏？于是他准备来个出其不意，派遣部下郭子恢带人在阴盘驿亭团团围住了郦道元。

萧宝夤先下手为强，背后肯定有人暗中怂恿、通风报信。无奈的郦道元只能率领小分队退到阴盘驿亭后的山冈上。山上没有食物，没有水源，郦道元指挥属下拼命挖井，可是打了一口又一口，也不见水涌出来。饥渴的众人毫无抵抗力，很快被萧宝夤攻陷。

郦道元被乱刀砍得血肉模糊，依然怒目而视，大骂叛军，典型的纯爷们！可惜，叛军已经杀红了眼，既然造反了，就要杀他个干干净净，郦道元的弟弟郦道峻、郦道博，长子郦伯友、次子郦仲友也被杀害。同年十月，萧宝夤在长安发动叛乱。

后来，北魏军队收复长安，郦道元被朝廷追封为吏部尚书、冀州刺史、安定县男，总算给了他一个公正的待遇。

魏晋南北朝时期，宫廷内争权夺利，血雨腥风；宫廷外战乱不断，尸横遍野。人生无常，信仰缺失，自己哪天也许就不在了，还不赶紧享受、及时行乐？于是文章的风格也变了，不再像先秦的散文、汉朝的政论文那样唠叨、啰唆，一种脱胎于汉赋的新文体——骈文出现了。骈文注重对偶，讲究声韵，辞藻华丽，形式优美，一般采用四字、六字排比对偶句，所以又叫“四六文”。统治者和官员们都喜欢这样的文章，看起来形式整齐，读起来气势磅礴，如黄河奔涌，一发而不可收，又如长江连绵，滔滔而不绝，让人有种一统江山、舍我其谁的快感，仿佛站在最高处，检阅浩浩荡荡的军队。

我就是王者，我就是这么帅气，我就是这么霸气！

消费刺激了生产。由于皇帝大臣们喜爱与推崇，大家纷纷学习骈文，吴均、陶弘景、郦道元成了其中的高手。

但是，到了后来，骈文变得越来越僵化，越来越死板。大家纷纷追求形式上的美观和韵律上的和谐，而忽略了内容与思想，引起了越来越多人的不满。考试考骈文，工作写骈文，人人读骈文，烦不烦啊？累不累啊？腻不腻啊？

天天沉迷享受，王朝岂能长远？所以，南北朝政权更替频繁。

到了唐朝，为了国家繁荣稳定，大家纷纷建言献策，皇帝又能虚心纳谏，整个朝代积极向上、活力满满。科举考试的出现，让长期处于社会中下层的文人看到了希望，“治国平天下”“致君尧舜上”成了文学作品的永恒主题。魏晋南北朝时受追捧的骈文慢慢地向质朴务实的散文转变。魏徵等人的亲身示范，韩愈、柳宗元等人的摇旗呐喊，让文章的写作风格渐渐发生着变化。

唐朝以后，古文“市场”就进入了骈文、律赋和散文激烈竞争与拼杀的时代。

◆参考资料：

1. 徐中原：《试论〈水经注〉独特的写景艺术》，《学术交流》，2010 年第 6 期，第 164—167 页。

2. 施和金：《〈三峡〉的作者是郦道元吗》，《南京师大学报（社会科学版）》，1992 年第 3 期，第 114—116 页。

3. 岑燮钧：《郦道元身陷“酷吏门”》，《文史天地》，2010 年第 7 期，第 49—51 页。

4. 黄学超：《郦道元任官考》，《历史地理》，2013 年第 2 期，第 300—318 页。

5. 袁嘉浩：《郦道元生平籍贯考》，《今古文创》，2021 年第 28 期，第 61—62 页。

6. 陈玉刚：《中国古代散文史》，人民日报出版社，1998 年 8 月第 1 版。